Barbara Neudecker

Die vier Elemente

Ideen, Experimente und Spiele für die Praxis

Materialien für den Kindergarten

Hase und Igel®

Inhalt

Feuer

Erde

Frei-Otto-Straße 18, 80797 München,
service@hase-und-igel.de
www.hase-und-igel.de
Lektorat: Elena Jell, Monika Burger
Satz: Claudia Trinks
Illustrationen: Wolfgang Slawski
Druck: Joh. Walch GmbH & Co. KG,
Im Gries 6, 86179 Augsburg,
kontakt@walchdruck.de

ISBN 978-3-86760-899-2
3. Auflage 2025

Inhalt

Wasser

Luft

Vorwort

Die vier Elemente

Wir nehmen sie als Selbstverständlichkeit wahr, wir kommen ständig unbewusst mit ihnen in Berührung und empfinden sie zunächst als nichts Besonderes: die vier Elemente. Je mehr man sich jedoch mit Feuer, Erde, Wasser und Luft beschäftigt, desto klarer wird, in wie vielen Bereichen unseres Lebens sie eine grundlegende Rolle spielen. Wir brauchen das Feuer, um Wärme zu erzeugen, die Erde als Boden, auf dem wir gehen und auf dem die Pflanzen wachsen. Ohne Wasser würden wir verdursten und die Luft brauchen wir zum Atmen. Das Zusammenspiel der Elemente ist die Voraussetzung dafür, dass auf der Erde Leben möglich ist – und damit für unsere Existenz.

Die Kinder werden auf unterschiedliche Weise dazu angeregt, eigene Überlegungen zum Thema anzustellen und mit allen Sinnen individuelle Erfahrungen zu sammeln. Ihnen wird deutlich, in welchen Bereichen unseres Alltags die Elemente eine Rolle spielen, und sie erhalten einen ersten Einblick in chemische und physikalische Zusammenhänge. Ziel dieses Materials ist es, durch anschauliche Beispiele aus der Lebenswelt der Kinder an ihr Vorwissen anzuknüpfen und durch die intensive Auseinandersetzung mit dem Thema ein Bewusstsein für den verantwortungsvollen Umgang mit der Natur zu entwickeln.

Aufbau des Materials

Der Band soll Anregungen geben, die Elemente ganzheitlich zu erkunden und zu erforschen. Das Buch gliedert sich in vier Kapitel, in denen jeweils ein Element im Mittelpunkt der Betrachtung steht.

Zu Beginn werden einführend die Erfahrungen und Grundkenntnisse der Kinder aktiviert und aufgegriffen. Daran schließt jeweils ein Gedicht von Judith Ludwig an, das die Fantasie der Kinder anregt und zu dem sie ein Bild malen können.

Es folgen spannende Experimente, Lieder, Rezepte und lustige Spiele. Alle Anregungen zu Aktivitäten können einzeln herausgegriffen, aber auch miteinander kombiniert und aufeinander aufbauend verwendet werden. Eine übersichtliche Randspalte gibt Auskunft über die Art der Aktivität, die Bildungs- und Kompetenzbereiche, die empfohlene Anzahl der beteiligten Kinder, den Schwierigkeitsgrad, die mögliche Dauer sowie die benötigten Materialien. Die hier vorgestellten Aktionen lassen Ihnen Freiraum, sie auf die Kinder abzustimmen und je nach Gruppe individuell zu variieren oder mit eigenen Ideen zu ergänzen. Lassen Sie sich von den Interessen und Vorschlägen der Kinder leiten, greifen Sie sie auf und erkunden Sie sie gemeinsam. Geben Sie den Kindern Raum und unterstützen Sie sie wenn nötig, damit sie ihrem natürlichen Drang, Wissen zu erwerben, nachgehen können und sie die Möglichkeit erhalten, wertvolle ganzheitliche Erfahrungen zu sammeln.

Eine Besonderheit stellen die Gestaltungsvorlagen dar, die kopiert werden können: Mithilfe der Seite 32 können Sie mit den Kindern ein Maulwurf-Labyrinth samt magnetischer Maulwurf-Spielfigur gestalten. Die Vorlage für den Papierflieger von Seite 64 kann entsprechend farbig gestaltet und dann nach Anleitung gefaltet werden.

Dieses Buch verfolgt nicht das Prinzip des rein zielgerichteten, sondern das des prozessorientierten Arbeitens. Es soll weniger ein vorzeigbares Produkt entworfen, als vielmehr den Kindern Hilfestellung gegeben werden, zu experimentieren, zu gestalten und Erfahrungen zu sammeln. Dazu gehört natürlich sowohl das Erfolgserlebnis als auch das Erlebnis des Misserfolgs und erneuten Versuchens: Jede Erfahrung ist wertvoll.

Nehmen Sie die Kinder an die Hand und begeben Sie sich gemeinsam auf eine interessante Erkundungsreise in die spannende und unerschöpfliche Welt der Elemente!

Barbara Neudecker

Infoseite: Feuer

- Damit ein Feuer entstehen kann, müssen folgende Voraussetzungen gegeben sein: die Brennbarkeit des Materials, ausreichende Sauerstoffzufuhr sowie die Überschreitung der Zündtemperatur.
- Die Feuererzeugung gehört zu den Kulturtechniken und spielt in der Geschichte der Menschheit eine entscheidende Rolle: Durch die Beherrschung und Nutzung des Feuers schaffte es der Mensch als einziges Lebenswesen, die natürliche Angst vor dem Feuer zu überwinden.
- In der Vorzeit war Feuer noch wie ein wildes Tier: Wenn ein Feuer z. B. durch Blitzschlag entfacht wurde, fing der Mensch es ein und zähmte es. Er erkannte früh, dass durch die Nutzung des Feuers sein Leben entscheidend verbessert wurde: Es ermöglichte ihm, Kälte zu bekämpfen, indem es Wärme spendete, und es bot ihm Schutz vor wilden Tieren. Das Licht sorgte dafür, dass der Tag länger genutzt werden konnte. Durch Garen und Räuchern erhielt der Mensch die Möglichkeit, rohes, unverdauliches Fleisch genießbar zu machen und so die zur Entwicklung des Gehirns notwendigen Nährstoffe in größeren Mengen aufzunehmen.
- Die Feuerentfachung war für den Menschen lange Zeit schwierig. Man nimmt an, dass die Entdeckung, Feuer durch Funken zu erzeugen, in der Steinzeit ein Zufall während der Steingeräteherstellung war. Es wurde vor allem das sogenannte Schlagfeuerzeug verwendet, bei dem durch das Aneinanderschlagen zweier bestimmter Steine Funken entstehen, die leicht entflammbares Material entzünden. Eine weitere Methode war die sogenannte Feuerbohrung, bei der durch schnelles, gleichmäßiges Reiben eines weichen Holzstücks in einem harten Holzstück Hitze entsteht.
- In der heutigen Zeit werden vor allem Zündhölzer und Feuerzeuge zur Entfachung von Nutzfeuern verwendet, wie etwa für das Anzünden von Kerzen oder das Entzünden von Kamin-, Grill- und Lagerfeuern. Diese Feuer sind beabsichtigt und kontrolliert und stellen keine Gefahr dar, solange die entsprechenden Vorsichtsmaßnahmen eingehalten werden.
- Unbeabsichtigte Feuer können schwere Schäden hinterlassen und stellen eine Gefahr für den Menschen dar. Diese sogenannten Schadfeuer sind erst kontrollierbar, nachdem sie eingedämmt wurden, was gewöhnlich zu den Aufgaben der Feuerwehr gehört.
- Um ein Feuer kontrollieren und bekämpfen zu können, muss der Brand zunächst nach seinem brennenden Stoff klassifiziert werden. Erst dann können die entsprechenden Brandbekämpfungsmaßnahmen getroffen und das richtige Löschmittel gewählt werden. Eine kurze Übersicht über die hier relevanten Klassen A, B und F bietet folgende Tabelle:

Brand-klasse	Stoff	Löschmittel
A	feste Stoffe, z. B. Papier, Holz, Kohle, Stroh, Textilien	Wasser, ABC-Pulver (Handfeuerlöscher), Löschdecke, Schaum
B	flüssige und flüssig werdende Stoffe, z. B. Wachs, Teer, Benzin, Lacke, viele Kunststoffe	ABC-Pulver, Schaum, Kohlendioxid
F	Fette und Öle, z. B. Speisefette und -öle	spezielle Fettbrandlöscher, niemals Wasser verwenden!

Feuer

Art der Aktivität:
Gespräch / Freispiel

Bildungsbereiche:
Miteinander leben,
Sprache und Literacy

Kompetenzbereiche:
sprachliche Ausdrucksfähigkeit weiterentwickeln, Wortschatz erweitern, Gesprächskultur erleben, Ideen entwickeln und formulieren

Kinder:
ganze Gruppe

Schwierigkeitsgrad:
★ ☆ ☆ ☆ ☆ ☆

Aktivität:
15 – 20 Min.

Material:
Tonpapier DIN A3, Stifte, Bücher zum Thema Feuer, Tablett, viele verschiedene Kerzen, Feuerzeug, Chiffontücher in Gelb, Orange und Rot

Einführung: Thema Feuer

Wer an Feuer denkt, assoziiert damit sofort zahlreiche spannende und wichtige Dinge: die Feuerwehr, Rauch, das Knistern des Feuers im Kamin, Wärme, ein großes Lagerfeuer, Licht, warmes Essen. Feuer ist aufregend, aber auch gefährlich – und daher umso interessanter für Kinder.

So geht's:

- Versammeln Sie die Kinder im Sitzkreis. In der Kreismitte steht ein Tablett mit vielen verschiedenen Kerzen. Chiffontücher in Gelb, Orange und Rot sind um das Tablett drapiert.
- Zünden Sie die Kerzen an und warten Sie, bis die Kinder zur Ruhe gekommen sind.
- Eröffnen Sie das neue Thema Feuer und regen Sie ein kurzes Gespräch darüber an. Unterstützen Sie die Kinder ggf. beim Erzählen mit Impulsfragen:
  - Was fällt dir ein, wenn du das Wort Feuer hörst?
  - Wozu braucht man Feuer?
  - Wie macht man Feuer?
  - Was brennt? Was brennt nicht?
  - Hast du einen Kaminofen zu Hause? Wozu?
  - Wann werden Kerzen angezündet?
  - Wer hat schon mal ein Lagerfeuer gemacht? An was kannst du dich dabei besonders gut erinnern?
  - Wer war schon mal bei der Feuerwehr?
- Fragen Sie die Kinder, ob sie bestimmte Wünsche oder Anregungen haben, was sie zum Thema Feuer im Kindergarten machen oder wissen wollen. Besprechen Sie die Vorschläge der Kinder und notieren Sie diese auf dem Tonpapier. Das Plakat wird anschließend an die Themenwand gehängt.
- Stellen Sie die Bücher zum Thema Feuer vor und legen Sie sie auf einem Tisch aus, sodass sie den Kindern jederzeit zugänglich sind.
- Lösen Sie nun den Sitzkreis auf. Wer Lust hat, kann Ihnen helfen, den Thementisch mit Kerzen und Tüchern zu gestalten, oder selbst in den Büchern schmökern.

Tipp:

Um die Kinder im Kreis leichter zur Ruhe kommen zu lassen, eignet sich ein kurzes Fingerspiel: Strecken Sie Ihre Arme nach vorn und öffnen Sie die Hände, die Handflächen zeigen dabei nach oben. Die Finger bewegen sich wie kleine, flackernde Flammen. Dazu machen Sie das knisternde Geräusch des Feuers nach. Haben alle Kinder die Bewegung und das Geräusch übernommen, schließen Sie langsam Ihre Hände zu Fäusten. Dazu zischen Sie ein langes, leises „Schhhh“: Das Feuer erlischt. Sind die Hände ganz geschlossen, verstummt das Geräusch.

Name:

Feuer

Lass dir das Gedicht von einem Erwachsenen vorlesen.
Male dazu ein Bild.

Wenn die Kälte im Winter Einzug hält,
zischelt's und züngelt's im Kamin.
Es lodert hoch, wie's uns gefällt,
wir lassen gnädig Rauchschwaden zieh'n.

Und spürst du plötzlich wohlige Wärme
und riechst den Rauch so nah, so gerne
und hörst es knistern in der Nacht,
hat vielleicht irgendwo jemand ein Feuer gemacht.

Judith Ludwig

Feuer

Art der Aktivität:
Regeln erarbeiten

Bildungsbereiche:
Miteinander leben,
Sprache und Literacy

Kompetenzbereiche:
sprachliche Ausdrucksfähigkeit weiterentwickeln,
Sachwissen erweitern

Kinder:
ganze Gruppe

Schwierigkeitsgrad:
★ ★ ☆ ☆ ☆ ☆

Aktivität:
15 – 20 Min.

Material:
großer Tonkarton, dicke Filzstifte, Farbstifte

Regelplakat

Feuer kann Licht spenden und wärmen. Feuer kann aber auch schnell gefährlich werden, wenn es außer Kontrolle gerät. Vor allem das Experimentieren mit Feuer kann riskant sein. Dessen sollten sich die Kinder bewusst sein. Daher ist es unbedingt notwendig, gemeinsam verbindliche Regeln zu erarbeiten.

Vorbereitung:

Überlegen Sie sich im Vorfeld Regeln für den Umgang mit Feuer, die in jedem Fall eingehalten werden sollen.

So geht's:

- Versammeln Sie die Kinder im Kreis und regen Sie ein Gespräch über Feuer an. Feuer kann gefährlich sein! Warum? Was kann passieren?
- Zeigen Sie den Kindern die Gefahren auf und erarbeiten Sie daraus gemeinsam Verhaltensregeln für den Umgang mit Feuer. Welche Regeln fallen den Kindern selbst ein?
- Greifen Sie die Aussagen der Kinder auf und formulieren Sie daraus feste Grundsätze. Beziehen Sie alle Kinder mit ein – die Regeln gelten für alle.
- Schreiben Sie die Regeln als Text auf den großen Tonkarton. Besprechen Sie anschließend mit den Kindern, wie die Regeln bildhaft dargestellt werden können. Abwechselnd dürfen die Kinder die Regeln nun neben den jeweiligen Text malen.
- Ist das Plakat fertig, gehen Sie mit den Kindern die Regeln der Reihe nach noch einmal durch. Hängen Sie es an einem gut sichtbaren Platz im Gruppenraum auf.

Vorschläge für Regeln im Umgang mit Feuer:

- Ich muss einen Erwachsenen fragen, ob ich experimentieren darf!
- Es muss immer ein Erwachsener dabei sein!
- Ich muss befolgen, was der Erwachsene sagt!
- Es dürfen nur wenige Kinder auf einmal experimentieren!
- Ich darf nur an einem bestimmten Ort experimentieren!
- Ich experimentiere nur auf einer feuerfesten Unterlage (z. B. Backblech)!
- Ich muss immer Löschwasser und Löschdecke bereithalten!
- Ich muss Abstand zum Feuer halten!

Tipp:

Ein Besuch bei der Feuerwehr verdeutlicht den Kindern die Wichtigkeit des Brandschutzes.

Meine Kerze brennt

Selbst eine Kerze anzünden zu dürfen ist für Kinder ein spannendes Erlebnis. Stellen Sie den Kindern ein sogenanntes Feuertablett zur Verfügung. Hier können Beobachtungen zum Feuer unter sicheren Voraussetzungen gesammelt werden.

So geht's:

- Zeigen Sie den Kindern das Blech, auf dem die Materialien bereitliegen. Bieten Sie den Kindern an, nacheinander damit zu experimentieren.
- Zünden Sie die Kerze an und pusten Sie diese wieder aus. Danach darf es das Kind unter Ihrer Aufsicht selbst ausprobieren.
- Erläutern Sie eventuelle Fragen und regen Sie das Kind ggf. durch Impulsfragen zur Beobachtung an, z. B.:
  - Was passiert, wenn man das brennende Streichholz nach oben bzw. unten hält?
  - Ist es ein Unterschied, die Kerze mit dem Streichholz oder mit dem Feuerzeug anzuzünden?
  - Wie sieht die Flamme aus? Wo ist die Flamme am heißesten? Welche Farben hat sie?
  - Was passiert mit der Flamme, wenn man leicht dagegenpustet?
  - Ab welchem Abstand zur Flamme spürt man die Wärme, wenn man seine Hand darüberhält?
  - Was passiert mit der Kerze, wenn sie längere Zeit brennt?

Variante:

Sie können gemeinsam mit den Kindern ausprobieren, welche Gegenstände brennen und welche nicht. Stellen Sie die Kerze auf das Blech und stellen Sie eine Schüssel mit Wasser und eine feuerfeste Schale bereit. Mit einer Zange werden unterschiedliche Materialien wie Holz, Wolle, Papier, Fichtenzapfen, Stoff, Stein etc. in die Kerzenflamme gehalten. Zum Löschen wird der Gegenstand in das Wasser getaucht und in der feuerfesten Schale abgelegt.

Art der Aktivität:
Beobachtung

Bildungsbereich:
Forschen und entdecken

Kompetenzbereiche:
Konzentrations- und Beobachtungsfähigkeit weiterentwickeln, Zusammenhänge erkennen, Temperaturen erleben

Kinder:
1 – 4

Schwierigkeitsgrad:
★ ★ ★ ★ ☆ ☆

Aktivität:
10 – 15 Min.

Material:
großes Blech oder Backblech, Kerze im Kerzenständer, Feuerzeug, Streichhölzer

Feuer

Art der Aktivität:
Kreatives Gestalten

Bildungsbereiche:
Kunst und Kultur,
Kreativität und Musik

Kompetenzbereiche:
Kreativität und Fantasie entfalten, Feinmotorik weiterentwickeln, physikalische Eigenschaften entdecken

Kinder:
3 – 5

Schwierigkeitsgrad:
★ ★ ★ ☆ ☆ ☆

Aktivität:
20 – 30 Min.

Material pro Kind für „Bienenwachskerze":
rechteckige Bienenwachsplatte, Baumwolldocht

Material für „Gegossene Kerze":
Baumwolldocht, Klebeband, Wachsreste oder Wachsperlen, alter Topf mit Griff und Ausgießer, größerer Topf, Wasser, Schere, Schuhkarton mit Sand

Material pro Kind:
verschiedene Kerzengießformen (z. B. halbe Eier-, Kokosnuss-, oder Orangenschale, feuerfestes Glas, Konservendose), Holzspieß (z. B. Schaschlikspieß oder Zahnstocher)

Achtung!
Geben Sie das Wachs nicht direkt in den Topf, da sich das Wachs bei großer Hitze selbst entzünden kann. Brennendes Wachs kann nur durch Sauerstoffentzug (z. B. mit einer Löschdecke) und nicht mit Wasser gelöscht werden!

Kerzen

Nachdem die Kinder bereits Erfahrungen mit einer brennenden Kerze sammeln durften, erhalten sie nun die Gelegenheit, selbst Kerzen herzustellen.

Bienenwachskerze

- Jedes Kind erhält eine rechteckige Bienenwachsplatte und einen Baumwolldocht, dessen Länge der kurzen Seite des Wachsrechtecks entspricht.
- Der Docht wird an einer kurzen Seite der Bienenwachsplatte so an die Kante gelegt, dass er auf einer Seite fingerbreit übersteht.
- Nun wird die Bienenwachsplatte so eng wie möglich um den Docht aufgerollt. Fertig ist die Bienenwachskerze!

Gegossene Kerze

- Jedes Kind sucht sich eine Gießform für seine Kerze aus. Vielleicht haben die Kinder auch selbst Ideen, was als Form für ihre Kerze geeignet sein könnte.
- Ein langer Baumwolldocht wird an einem Ende mittig an einen Holzspieß geknotet.
- Dieser Spieß wird auf die Oberseite der Kerzengießform gelegt und am Rand mit Klebeband befestigt. Das lange Ende des Dochts hängt nun mittig in die Kerzengießform.
- Schneiden Sie den Docht so ab, dass er in etwa der Höhe der Gießform entspricht.
- Die fertigen Gießformen werden nebeneinander in den Schuhkarton mit Sand gebettet, sodass sie nicht umkippen können, wenn das Wachs hineingegossen wird.
- Nun werden die Wachsreste bzw. Wachsperlen im Wasserbad geschmolzen. Schütten Sie dafür das Wachs in den alten Topf und stellen Sie diesen in einen größeren Topf mit Wasser. Achten Sie darauf, dass kein Wasser in das Wachs gelangt! Erhitzen Sie das Wasser und warten Sie, bis das Wachs schmilzt.
- Das flüssige Wachs wird nun vorsichtig in die Kerzengießformen gegossen.
- Wenn das Wachs fest ist, wird der Holzspieß entfernt und der Docht auf ca. ein Zentimeter Länge gekürzt.

Flammenbilder hinter Glas

Bei diesem Kreativangebot entstehen sehr wirkungsvolle, moderne Kunstwerke. Die Kinder betrachten und benennen die Farben des Feuers und gestalten anschließend stimmungsvolle Hinterglasbilder.

So geht's:

- Die Kinder versammeln sich im Kreis. Entzünden Sie in der Mitte eine Kerze und warten Sie, bis die Kinder zur Ruhe gekommen sind.
- Legen Sie nun Fotos von verschiedenen Flammen um die Kerze herum auf den Boden. Welche Formen haben die Flammen?
- Betrachten Sie mit den Kindern gemeinsam die Farben, die in den Flammen vorkommen, und benennen Sie diese.
- Schlagen Sie den Kindern vor, selbst Bilder von Flammen zu gestalten. Da bei der Gestaltung Lack verwendet wird, muss sehr vorsichtig und konzentriert gearbeitet werden.
- Die Kinder ziehen ihre Schutzkleidung an und legen den Tisch mit Zeitungspapier aus. Legen Sie für jedes Kind die Glasscheibe des Bilderrahmens bereit.
- Öffnen Sie die Lackdosen und rühren Sie diese gut um.
- Jedes Kind wählt die Farben für sein Bild, die es auf den Fotos und in der Flamme entdeckt hat. Die Kinder lassen die Lacke von den Löffeln auf die Glasscheibe fließen oder tropfen, ohne diese dabei zu berühren. Achten Sie darauf, dass die Kinder die Lacke auf der Scheibe nicht verschmieren oder die Löffel darauf abstreifen, da sie sonst kein ansprechendes Ergebnis erhalten.
- Wenn die Kinder fertig sind, werden von den Bildern Abdrücke auf Tonpapier gemacht. Die Kinder legen dafür das Tonpapier auf die Farbe, streichen kräftig darüber und ziehen es dann wieder ab. Unterstützen Sie sie ggf. dabei.
- Wenn alles getrocknet ist, legen die Kinder die Alufolie auf die Farbe und setzen den Bilderrahmen zusammen. Die fertigen Kunstwerke sind ein schönes Geschenk für die Eltern.

Tipps:

- Sie können die Fotos der Flammen auch gemeinsam mit den Kindern in Büchern oder im Internet suchen und zusammenstellen.
- Die fertigen Hinterglasbilder sind sehr dekorativ und eignen sich hervorragend für eine Kunstausstellung. Die Abdrücke auf Tonpapier können z. B. zu Einladungskarten weiterverarbeitet werden.

Variante:

Mit dieser Technik können auch die anderen Elemente Luft, Erde und Wasser dargestellt werden. Die Kinder gestalten die Bilder in den entsprechenden Farben und bereiten anschließend eine Ausstellung zum Thema Elemente vor.

Art der Aktivität:
Kreatives Gestalten

Bildungsbereiche:
Kunst und Kultur,
Kreativität und Musik

Kompetenzbereiche:
visuelle Wahrnehmung entwickeln, Feinmotorik weiterentwickeln, Kreativität entfalten, Farben und Gestaltungstechnik kennenlernen

Kinder:
4 – 6

Schwierigkeitsgrad:
★ ☆ ☆ ☆ ☆ ☆

Aktivität:
20 Min.

Material:
Kerze, Feuerzeug, Fotos von Flammen, Zeitungspapier, Acryllack auf Wasserbasis in Blau und verschiedenen Gelb-, Orange- und Rottönen, ein Löffel pro Farbe, Alufolie

Material pro Kind:
Arbeits- oder Einweghandschuhe, Malkittel, rahmenloser Glasbilderrahmen, Tonpapier

Feuer

Art der Aktivität:
Rollenspiel

Bildungsbereiche:
soziale Beziehungen und Emotionalität, Kunst und Kultur

Kompetenzbereiche:
Emotionen wahrnehmen und ausdrücken, Empathie und soziales Miteinander weiterentwickeln

Kinder:
6 – 8

Schwierigkeitsgrad:
★ ★ ☆ ☆ ☆ ☆

Aktivität:
60 Min.

Material:
viele Tücher, Decken und große Chiffontücher in warmen Farbtönen, Ei, Gong oder Klangschale

Wärme schenken

Bei diesem Ausdrucksspiel schlüpfen die Kinder abwechselnd in verschiedene Rollen und nehmen die dabei entstehenden Emotionen bewusst war.

So geht's:

- Versammeln Sie die Kinder im Kreis. Drapieren Sie in der Mitte des Kreises ein Tuch als Nest und legen Sie ein Ei hinein. Regen Sie ein kurzes Gespräch darüber an, wie ein Ei ausgebrütet wird. Was braucht das Ei? Was macht die Henne und was gibt sie dem Ei? Was schlüpft aus dem Ei?
- Erzählen Sie den Kindern, dass sich jeder gleich in ein Huhn oder in ein Ei, das ausgebrütet wird, verwandeln darf.
- Die Kinder finden sich zu zweit zusammen und vereinbaren, wer in der ersten Runde das Ei und wer das Huhn ist.
- Die Paare suchen sich Tücher und Decken aus und bauen an einem selbst gewählten Platz im Raum ihr Nest. Geben Sie, wenn nötig, Hilfestellung.
- Die Kinder, die in der ersten Runde das Ei spielen, kuscheln sich zusammengerollt in ihr Nest. Die anderen Kinder stellen sich als Hühner daneben.
- Gehen Sie zu jedem Paar und sagen Sie jeweils zu dem im Nest liegenden Kind: „Jetzt bist du ein Ei in deinem kuscheligen Nest." Und zu dem stehenden Kind: „Du bist jetzt ein Huhn, das Wärme schenken kann."
- Schlagen Sie den Gong als Zeichen, dass das Spiel beginnt. Nun fangen die Hühner an, die Eier auszubrüten, indem sie sie mit einem Chiffontuch bedecken.
- Erzählen Sie mit ruhiger Stimme von einem Huhn und seinem Ei. Lassen Sie sich beim Erzählen Zeit, damit die Kinder das Gehörte aufnehmen und umsetzen können. Geben Sie den Kindern Impulse: Das Huhn kann vorsichtig mit seinen Flügeln über das Ei streichen, es berühren und wärmen. Das Ei fühlt sich geborgen in seinem kuscheligen Nest. Das Ei spürt die Wärme, die es vom Huhn geschenkt bekommt.
- Wenn das Kind möchte, kann es nun vorsichtig als Küken aus dem Ei schlüpfen.
- Wenn alle Küken geschlüpft sind, schlagen Sie den Gong erneut und das Spiel ist beendet. Die Kinder tauschen die Rollen. Die Kinder, die jetzt Eier sind, kuscheln sich in ihr Nest.
- Nach dem zweiten Durchgang versammeln sich alle Kinder wieder im Kreis. Jedes Kind erhält nun die Möglichkeit, kurz zu erzählen, wie es sich gefühlt hat. Achten Sie unbedingt darauf, dass die Kinder von sich selbst erzählen und sich nicht wertend über ein anderes Kind äußern.

Tipp:

Während des Nestbaus und des Rollenspiels sollten die Kinder möglichst nicht sprechen, damit sie sich besser in ihre Rolle vertiefen können.

Wärme sichtbar machen

Wärme kann man spüren – und bei diesem Experiment kann man sie sogar sichtbar machen.

So geht's:

- Versammeln Sie die Kinder und regen Sie ein Gespräch darüber an, wie man feststellen kann, wie warm es ist. Womit misst man Wärme? Wann und wozu braucht man ein Thermometer? Kann man Wärme sehen?
- Schlagen Sie den Kindern vor, Wärme in einem Experiment sichtbar zu machen.
- Teilen Sie die einzelnen Arbeitsschritte unter den Kindern auf und leisten Sie, wenn nötig, Hilfestellung.
- Zuerst wird der Korken bis zur Hälfte in eine Flasche geschoben und die Stricknadel knapp über dem Flaschenrand seitlich hineingesteckt. Das andere Ende der Stricknadel liegt auf der Öffnung der zweiten Flasche.
- Nun wird ein ca. 2 x 5 cm großer Streifen Tonpapier mittig auf die Stecknadel gesteckt und bis zum Nadelkopf geschoben.
- Die Stecknadel mit dem Tonpapierstreifen wird jetzt vorsichtig unter die Stricknadel geschoben, die auf der Flaschenöffnung liegt. Der Tonpapierstreifen steht senkrecht.
- Positionieren Sie die Kerze unter der Stricknadel und lassen Sie die Kinder vermuten, was passiert, wenn die Kerze angezündet wird.
- Zünden Sie nun die Kerze an – die Flamme sollte die Stricknadel fast berühren.

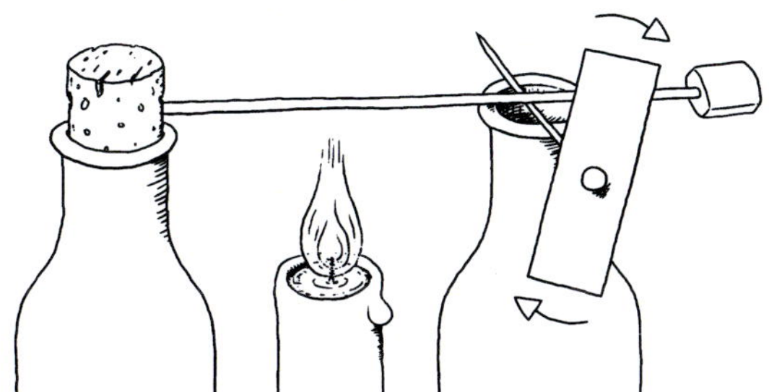

- Jetzt können die Kinder beobachten, wie sich der Tonpapierstreifen langsam dreht.
- Erklären Sie, dass sich das Aluminium der Stricknadel durch die Hitze der Flamme ausdehnt und die Stricknadel damit länger wird. Dadurch rollt die Stecknadel auf der Flaschenöffnung und der Tonpapierstreifen bewegt sich. Löscht man die Flamme, erkaltet das Aluminium der Stricknadel wieder und der Tonpapierstreifen dreht sich zurück.

Tipp:

Sammeln Sie mit den Kindern unterschiedliche Thermometer (z. B. Fieberthermometer, Bratenthermometer, Zimmerthermometer) und erwärmen Sie diese vorsichtig. Was passiert?

Art der Aktivität:
Experiment

Bildungsbereiche:
Forschen und entdecken, Naturwissenschaft und Technik

Kompetenzbereiche:
physikalische Eigenschaften entdecken, Sachwissen erweitern, Feinmotorik und sprachliche Ausdrucksfähigkeit weiterentwickeln

Kinder:
3 – 5

Schwierigkeitsgrad:
★ ★ ★ ☆ ☆ ☆

Aktivität:
20 Min.

Material:
zwei Glasflaschen, Stricknadel aus Aluminium, Korken, Stecknadel mit Kopf, Tonpapier, Schere, Kerze in einem Kerzenständer, Feuerzeug

Feuer

Art der Aktivität:
Experiment

Bildungsbereiche:
Forschen und entdecken, Naturwissenschaft und Technik

Kompetenzbereiche:
Sachwissen erweitern, sprachliche Ausdrucksfähigkeit weiterentwickeln, physikalische Eigenschaften entdecken

Kinder:
3 – 5

Schwierigkeitsgrad:
★ ★ ☆ ☆ ☆ ☆

Aktivität:
10 Min.

Material:
2 Teelichter, 2 unterschiedlich große Gläser, Teller, Feuerzeug

Feuerlöschen leicht gemacht

Wie kann man eine Flamme löschen, ohne zu pusten? Der spannende Versuch veranschaulicht den Kindern den Zusammenhang zwischen Feuer und Luft. Die Kinder erhalten so die Möglichkeit, wichtiges physikalisches Grundwissen zu erwerben.

So geht's:

- Versammeln Sie die Kinder um einen Tisch mit einem brennenden Teelicht auf einem Teller.
- Fragen Sie die Kinder nach einer Idee, wie sie die Kerze löschen können, ohne zu pusten. Bestimmt haben die Kinder jede Menge Vorschläge. Falls ein Kind das Experiment bereits kennt, darf es den anderen Kindern den Versuch vorführen.
- Nehmen Sie das kleinere Glas und stülpen Sie es über die Kerze. Die Kinder beobachten, dass die Kerze noch einige Zeit brennt und dann erlischt.
- Entzünden Sie nun beide Teelichter und stellen Sie die unterschiedlich großen Gläser daneben. Lassen Sie die Kinder spekulieren, wie sich die Flammen verhalten, wenn man die unterschiedlich großen Gläser gleichzeitig darüberstülpt.
- Führen Sie den Versuch durch. Die Flamme unter dem größeren Glas brennt einige Zeit länger. Warum ist das so? Geben Sie den Kindern ausreichend Zeit, eigene Thesen zu entwickeln und ihre Mutmaßungen zu begründen.
- Erläutern Sie, dass Feuer den Sauerstoff aus der Luft braucht, um zu brennen. Sobald der Sauerstoff im Glas verbraucht ist, erlischt die Kerze. Je größer das Glas ist, desto mehr Sauerstoff ist vorhanden und desto länger brennt die Kerze.
- Entzünden Sie die Kerzen erneut, sodass jedes Kind die Gelegenheit erhält, das Experiment selbst durchzuführen. Weisen Sie die Kinder ausdrücklich darauf hin, das Experiment auf keinen Fall allein zu Hause nachzumachen!

Tipps:

- Die Kinder können die einzelnen Schritte des Experiments für das Portfolio aufmalen.
- Erklären Sie den Kindern, dass im Brandfall Fenster und Türen geschlossen werden müssen. Wenn in einem Zimmer oder Gebäude ein Brand ausbricht, erhält das Feuer auf diese Weise keine frische Luft und damit auch keinen Sauerstoff, den es braucht, um gut brennen zu können.

Variante:

In einem weiteren Schritt schlagen Sie den Kindern vor, das Glas etwas anzuheben, kurz bevor die Flamme erlischt. Die Kinder äußern zunächst ihre Vermutungen und beschreiben anschließend ihre Beobachtungen.

Feuerlöschschaum

Feuerlöschen fast wie bei der Feuerwehr: Nicht jedes Feuer kann mit Wasser gelöscht werden, manche Brände müssen erstickt werden. Daher gibt es Feuerlöscher mit Löschschaum. Bei dem folgenden Experiment können die Kinder einen einfachen Löschschaum selbst herstellen und ausprobieren.

Vorbereitung:

Platzieren Sie ein Teelicht in einem tiefen Teller auf einem Versuchstisch. Ziehen Sie die Essigessenz in einer Spritze auf und schütten Sie das Backpulver in eine kleine Schüssel.

So geht's:

- Versammeln Sie die Kinder im Sitzkreis und regen Sie ein Gespräch zum Thema Feuerlöschen an. Wer hat eine Idee, wie Feuer gelöscht werden kann?
- Kommen Sie darauf zu sprechen, dass unterschiedliche Löschmethoden nötig sind, je nachdem, um was für einen Brand es sich handelt (siehe S. 5).
- Schlagen Sie den Kindern vor, Löschschaum selbst herzustellen.
- Die Kinder treffen sich nun um den Tisch mit dem Versuchsaufbau. Erläutern Sie, dass es sich in der Spritze um Essig und in der Schüssel um Backpulver handelt.
- Lassen Sie die Kinder Vermutungen anstellen, wie das Experiment funktionieren könnte.
- Vorsichtig dürfen die Kinder jetzt das Backpulver mit dem Löffel um die Kerze herum auf dem Teller verteilen. Achten Sie darauf, dass kein Backpulver in das Teelicht gelangt.
- Ein Kind zündet das Teelicht unter Ihrer Aufsicht an. Warten Sie einen Moment, bis die Kerze gut brennt.
- Nun wird die Essigessenz vorsichtig und langsam auf das Backpulver gespritzt. Es darf kein Essig in die Kerze gelangen!
- Der Essig bildet mit dem Backpulver einen Schaum. Dadurch erhält die Flamme keinen Sauerstoff mehr und erstickt.

Information zur chemischen Reaktion:

Beim Mischen von Backpulver (Natriumbicarbonat) mit Essigessenz (Säure) entsteht Kohlendioxid (CO_2).

Tipp:

Dokumentieren Sie die einzelnen Schritte des Experiments mit Fotos für die Portfolios der Kinder.

Art der Aktivität:
Experiment

Bildungsbereich:
Naturwissenschaft und Technik

Kompetenzbereiche:
Sachwissen erweitern, Zusammenhänge erkennen, Experimentierfreude entwickeln

Kinder:
3 – 5

Schwierigkeitsgrad:
★ ★ ★ ☆ ☆ ☆

Aktivität:
10 – 15 Min.

Material:
tiefer Teller, Teelicht, 3 Päckchen Backpulver, kleine Schüssel, Teelöffel, eine halbe Tasse Essigessenz, Einwegspritze, Feuerzeug

Feuer

Feuerwehr

Text und Melodie: volkstümlich

2. Kaum ertönt das Brandsignal, juchheidi, juchheida.
   Eilen rasch wir allzumal, juchheidiheida.
   Schlägt die Flamme auch heraus,
   flugs sind wir doch aus dem Haus.

3. Steiger, das sind rüst'ge Leut, juchheidi, juchheida.
   Nie wird die Gefahr gescheut, juchheidiheida.
   Immer sind wir auf dem Platz,
   klettern flinker als die Katz.

4. Und wie hoch die Flamm auch steigt, juchheidi, juchheida.
   Wird doch stets das Ziel erreicht, juchheidiheida.
   Kommen wir nach unserm Brauch,
   kräftig mit dem Wasserschlauch.

Feuerbombe

Warum darf man ein gerade ausgepustetes Streichholz nicht zurück in die Streichholzschachtel stecken? Bei diesem spannenden Versuch erfahren die Kinder sehr eindrucksvoll, was dabei passieren kann. Das Experiment ist nicht ungefährlich und nur für verantwortungsvolle Vorschulkinder geeignet.

Vorbereitung:

Nehmen Sie aus einer Streichholzschachtel fünf Streichhölzer und kürzen Sie diese am hinteren Ende auf fünf unterschiedliche Längen. Öffnen Sie nun die Schachtel einen Spalt breit an der Seite, an der sich die Zündköpfe der darin liegenden Streichhölzer befinden. Jetzt stecken Sie die gekürzten Streichhölzer der Größe nach senkrecht mit den Zündköpfen nach oben in den Spalt der Streichholzschachtel. Wählen Sie einen windstillen Ort im Freien, wo keine brennbaren Gegenstände in der Nähe sind. Legen Sie die Feuerbombe auf ein feuerfestes Blech – gut geeignet sind auch eine Feuerschale oder ein Grill. Halten Sie einen Feuerlöscher oder Löschwasser bereit.

So geht's:

- Versammeln Sie die Kinder in sicherer Entfernung um die Feuerbombe und bereiten Sie sie auf das Experiment vor. Lassen Sie die Kinder vermuten, was passiert, wenn eine volle Streichholzschachtel Feuer fängt.
- Gehen Sie mit den Kindern die Regeln im Umgang mit Feuer (siehe S. 8) noch einmal durch. Weisen Sie die Kinder ausdrücklich darauf hin, dass dieses Experiment nur von einem Erwachsenen durchgeführt werden darf und sie es nicht zu Hause nachmachen dürfen. Nur wer sich zutraut, die Regeln zu befolgen, darf mitmachen.
- Zünden Sie nun das größte Streichholz an, das aus der Streichholzschachtel ragt, und gehen Sie zurück zu den Kindern.
- Gemeinsam beobachten Sie, was passiert: Die Streichhölzer fangen nacheinander an zu brennen. Wenn das kleinste Streichholz brennt, fängt die ganze Streichholzschachtel Feuer und explodiert.
- Nachdem die Schachtel niedergebrannt ist und Sie die restliche Glut gelöscht haben, besprechen Sie dieses aufregende Erlebnis mit den Kindern ausführlich. Thematisieren Sie dabei die Gefahren, die von Explosionen ausgehen.
- Es ist wichtig, dass Sie den Kindern die Vorgänge erklären, denn das Verstehen der Abläufe kann das Verständnis für das Element Feuer fördern und die Einsicht in das eigene, verantwortungsvolle Verhalten unterstützen.

Tipp:

Für das Portfolio können Sie gemeinsam mit den Kindern den Experimentverlauf aufmalen und beschriften.

Art der Aktivität:
Experiment

Bildungsbereich:
Forschen und entdecken

Kompetenzbereiche:
Regeln einhalten, physikalische Eigenschaften entdecken, visuelle Wahrnehmung weiterentwickeln

Kinder:
3 – 5

Schwierigkeitsgrad:
★★★★★☆

Aktivität:
20 – 30 Min.

Material:
eine volle Streichholzschachtel, Feuerzeug, feuerfestes Blech oder Feuerschale oder Gartengrill, Feuerlöscher oder Löschwasser

Feuer

Art der Aktivität:
Kreatives Gestalten

Bildungsbereiche:
Kunst und Kultur, Kreativität und Musik

Kompetenzbereiche:
Feinmotorik, räumliches Vorstellungsvermögen und soziales Miteinander weiterentwickeln, Kreativität entfalten, Gestaltungstechnik kennenlernen,

Kinder:
3 – 6 pro Mini-Stadt

Schwierigkeitsgrad:
★ ★ ★ ☆ ☆ ☆

Aktivität:
mehrmals 20 Min.

Material:
große Kartons oder Schuhkartondeckel, verschiedene Formen aus Karton zum Gestalten der Häuser (z. B. Papprollen, Pappkarton, Wellpappe, Schachteln von Verpackungen in verschiedenen Größen, Eierschachteln), Wachsmalstifte oder Wasserfarben, Klebstoff, viele Streichhölzer, Schere, Feuerzeug, großes Blech, Feuerlöscher oder Löschwasser

Brennendes Kunstwerk

Das folgende Projekt kann auch als Aktionskunst bezeichnet werden. Es wird über einen beliebigen Zeitraum von mehreren Kindern gemeinsam gestaltet und vorbereitet und hat einen spektakulären Höhepunkt.

So geht's:

- Schlagen Sie den Kindern vor, eine Mini-Stadt zu bauen. Um Enttäuschungen zu vermeiden, erklären Sie den Kindern, dass in dieser Stadt anschließend ein Haus Feuer fängt und die Stadt abbrennt.
- Die Kinder versammeln sich in Kleingruppen um die Arbeitstische.
- Die Gruppen bauen jeweils eine Mini-Stadt aus Pappe auf einem großen Karton und gestalten diese nach ihren Vorstellungen. Der Fantasie sind dabei keine Grenzen gesetzt.
- Wenn die Mini-Städte fertig sind, werden alle Häuser außen mit Streichhölzern beklebt. Dabei sollte mit dem Klebstoff sparsam umgegangen werden.
- Legen Sie mit jeder Gruppe fest, wo der Brand in ihrer Stadt jeweils ausbrechen soll. Teilen Sie alle Arbeitsschritte unter den Kindern auf, sodass jedes Kind mitwirken kann, z. B.: großes Blech tragen, Mini-Stadt auf das Blech stellen, Löschwasser bereithalten, Stadt anzünden, Glut löschen.
- Wählen Sie einen windstillen Ort im Freien aus, wo keine brennbaren Gegenstände in der Nähe sind und der für das Abbrennen des Kunstwerks geeignet ist.
- Wiederholen Sie mit den Kindern die Regeln, die im Umgang mit Feuer zu beachten sind (siehe S. 8).
- In sicherer Entfernung zur Gruppe zünden Sie das Kunstwerk mit einem Kind an und gehen zurück zu den anderen Kindern. Gemeinsam beobachten Sie, was nun passiert: Die Häuser fangen nacheinander Feuer und gehen schließlich in Flammen auf.
- Nachdem das Kunstwerk niedergebrannt ist und die Glut gelöscht wurde, besprechen Sie das Erlebnis mit den Kindern in Ruhe nach.

Tipps:

- Besprechen Sie im Anschluss mit den Kindern die Arbeit der Feuerwehr. Was passiert, wenn ein Haus Feuer fängt? Warum müssen die angrenzenden Häuser geschützt werden? Wie löscht die Feuerwehr? Wie kann man im Brandfall die Feuerwehr rufen?
- Dokumentieren Sie die einzelnen Entstehungsphasen und das Abbrennen des Kunstwerks durch Fotos für die Portfolios der Kinder.

Lagerfeuer-Popcornmaschine

Popcorn über dem Lagerfeuer zuzubereiten ist eine spannende Abwechslung zu der herkömmlichen Zubereitungsweise im Kochtopf oder in der Mikrowelle.

So geht's:

- Versammeln Sie die Kinder an den Arbeitstischen. Bereiten Sie sie darauf vor, dass sie bald ein Lagerfeuer machen und dort gemeinsam essen werden.
- Überlegen Sie mit den Kindern, welche Speisen über dem Lagerfeuer, z. B. auf einem Grill oder in einem Topf, zubereitet werden können, und notieren Sie die Vorschläge – vielleicht kann die eine oder andere Idee zusätzlich zur Popcornmaschine umgesetzt werden.
- Erzählen Sie den Kindern, dass man sogar Popcorn über einem Lagerfeuer machen kann, und schlagen Sie ihnen vor, eine Lagerfeuer-Popcornmaschine zu bauen.
- Es bietet sich an, dass immer zwei Kinder zusammenarbeiten. Geben Sie Hilfestellung, falls nötig.
- Als Erstes müssen alle Plastikteile, die sich eventuell an den Haushaltssieben befinden, entfernt werden.
- Die Kinder legen nun ein Sieb auf den Stock und binden den Griff fest, indem sie ihn an zwei Stellen mehrmals mit Blumendraht umwickeln. Damit keine Verletzungsgefahr besteht, müssen die Drahtenden versteckt werden.
- Jetzt wird das zweite Sieb auf das erste gelegt, sodass sich eine Kugel bildet und beide Siebgriffe übereinanderliegen. Die Siebohren werden jeweils mit einer Drahtschlaufe locker verbunden. Achten Sie darauf, dass das obere Sieb noch hochgeklappt werden kann.
- Als Letztes wird eine Handvoll Popcornmais in das untere Sieb gefüllt und das obere Sieb zugeklappt. Die beiden Siebgriffe werden an einer dritten Stelle fest mit Draht umwickelt und die überstehenden Drahtenden zu stumpfen Schlaufen geformt.
- Nun halten die Kinder ihre Lagerfeuer-Popcornmaschine so lange über die Glut des Feuers, bis die Maiskörner aufplatzen. Achten Sie auf genügend Abstand zur Glut, da die Maiskörner sonst verbrennen.

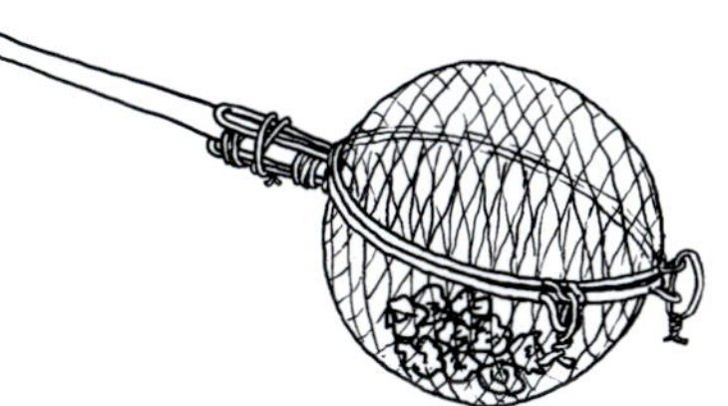

Tipp:

Streuen Sie keinen Zucker auf das Popcorn, solange es noch im Sieb ist, da die Siebe sonst verkleben und der Zucker bei der nächsten Popcornzubereitung anbrennt.

Art der Aktivität:
Werken

Bildungsbereiche:
Körper, Bewegung und Gesundheit, Kunst und Kultur

Kompetenzbereiche:
Feinmotorik und soziales Miteinander weiterentwickeln, Neugierde wecken

Kinder:
6 – 8

Schwierigkeitsgrad:
★ ★ ★ ★ ☆ ☆

Aktivität:
30 Min.

Material pro Paar:
2 Küchensiebe aus Metall, Stock oder Besenstiel, Blumendraht, Popcornmais, Zange mit Seitenschneider, Kochhandschuhe

Achtung!
Tragen Sie zum Öffnen der Siebe unbedingt Kochhandschuhe, da das Metall sehr heiß wird und Verbrennungsgefahr besteht.

Infoseite: Erde

- Die Erde ist der fünftgrößte Planet unseres Sonnensystems. Sie hat einen Durchmesser von mehr als 12 700 Kilometern und ist ungefähr 4,6 Milliarden Jahre alt.
- Die für das irdische Leben günstigen Voraussetzungen sind einer erstaunlichen Verkettung von Zufällen zu verdanken. Wäre die Erde nur um 5 % näher an der Sonne, würde alles Wasser verdampfen und es wäre kein Leben möglich. Wäre sie kleiner, wäre sie, wie der Mars, vollständig erkaltet. Wäre sie größer, bestünde die Gefahr, dass heftiger Vulkanismus Leben unmöglich macht.
- Die Erdkruste besteht aus abgeriebenem Gestein, Ton, Mineralien, Luft und Wasser. Die äußerste Schicht der Erdkruste bildet der Erdboden, der sich aus mehreren Schichten zusammensetzt: Auf der Erdoberfläche wachsen die sichtbaren Teile der Pflanzen. Darunter liegt der nährstoffreiche, dunkelbraune Oberboden, der stark belebt ist und in dem die Pflanzen ihre Wurzeln verankern. Darunter liegt der hellere und gesteinshaltigere Unterboden. Je tiefer die Bodenschicht, desto weniger belebt ist die Erde und desto mehr Steine und Felsbrocken kommen darin vor.
- Die Erde des Oberbodens weist eine große Farbvielfalt auf. Diese reicht von Schwarz über Orange, Purpurrot, Braun und Ocker bis Weiß. Je nach Farbe unterscheidet sich die Zusammensetzung – rote Erde zum Beispiel enthält besonders viel Eisenoxid.
- Der Kulturboden dient der landwirtschaftlichen Nutzung. Je nach Zusammensetzung ist er besser oder schlechter kultivierbar. Sehr sandiger Boden lässt sich zwar gut bearbeiten, Wasser und Nährstoffe werden aber schlecht gehalten, sodass die Pflanzen leicht vertrocknen. Sehr lehmhaltiger Boden wiederum lässt sich schlecht bearbeiten, ist nicht gut durchlüftet und das Wasser kann nicht ablaufen – die Wurzeln der Pflanzen verfaulen. Optimaler Nährboden ist Löss: eine nährstoffreiche Mischung aus Lehm, Sand und Schlick.
- Die oberen Bodenschichten sind stark belebt: In einer Handvoll Erde leben mehr Lebewesen – Einzeller, Pilze, Pflanzen und Tiere – als Menschen auf der Erde. Allein in einem Quadratmeter fruchtbaren Bodens finden sich eine Billiarde Bakterien. Mit bloßem Auge sind jedoch vergleichsweise wenige Bodentiere erkennbar. Je tiefer die Erdschicht, desto kleiner sind die darin vorkommenden Lebewesen.
- Die Tiere lassen sich in folgende Gruppen einteilen.
  - Kleintiere: z. B. Maulwürfe, Wühlmäuse
  - mit bloßem Auge erkennbar: z. B. Käfer, Asseln, Spinnen, Würmer, Schnecken, Tausendfüßer, Käferlarven
  - nur mit Lupe oder Mikroskop erkennbar: z. B. Springschwänze, Fadenwürmer, Pilze, Algen, Milben, Bakterien
- Je höher die Artenvielfalt der im Boden lebenden Organismen ist, desto besser ist die Durchmischung und damit die Belüftung des Bodens. Eine besondere Funktion erfüllen die Regenwürmer: Sie graben Gänge, die den Boden auflockern und durch die Wasser abfließen kann. Ihre Hauptnahrung besteht aus abgestorbenen Pflanzenteilen, die sie verdauen und deren Reste sie als nährstoffreichen Humus auf der Bodenoberfläche ablagern und so die Fruchtbarkeit des Bodens entscheidend verbessern.

Einführung: Thema Erde

Erde ist den Kindern längst vertraut, denn sie ist überall: Sie ist der Boden, über den wir gehen und auf dem Häuser stehen. Die Kinder kennen eine besondere Form der Erde, den Sand, mit dem sie spielen, aus dem sie Burgen bauen, Sandkuchen backen und in den sie Tunnel graben. Aber was befindet sich in der Erde, aus was besteht sie und was kann man mit ihr alles anstellen? Diesen Fragen gehen die Kinder nach und machen dabei eine Reihe neuer, spannender Erfahrungen.

Vorbereitung:

Lassen Sie sich von einem Landwirt oder einer Gartenbaufirma an geeigneter Stelle im Garten einen großen Haufen Erde aufschütten. Der Platz für den Erdhaufen sollte so gewählt werden, dass er für längere Zeit fester Bestandteil des Gartens bleiben und später mit Gras oder Wildblumen bepflanzt werden kann.

So geht's:

- Stellen Sie in die Mitte des Sitzkreises einen Globus und eine Glasschüssel mit Erde. Bedecken Sie alles mit einem Tuch und versammeln Sie die Kinder im Kreis.
- Sind die Kinder zur Ruhe gekommen, darf ein Kind das Tuch wegnehmen.
- Eröffnen Sie den Kindern das neue Thema Erde und regen Sie mit Impulsfragen ein kurzes Gespräch an:
  - Wo findet man Erde? Wie entsteht Erde?
  - Warum ist Erde für uns wichtig?
  - Was kann man mit Erde alles machen?
  - Was gefällt dir an Erde gut? Was nicht so gut?
  - Warum steht in der Kreismitte auch ein Globus? Warum heißt unser Planet Erde (siehe S. 26)?
- Erzählen Sie den Kindern von dem großen Erdhaufen im Garten, der darauf wartet, bespielt zu werden. Gemeinsam sammeln Sie Ideen, was man mit dem Haufen Erde machen könnte.
- Die Kinder ziehen dem Wetter entsprechende Matschkleidung an und gehen mit Ihnen in den Garten.
- Lassen Sie die Kinder zunächst ohne Spielzeug mit der Erde spielen. Die Kinder werden im Freispiel erstaunlich kreative Ideen entwickeln und ihrer Fantasie freien Lauf lassen.
- Stellen Sie nach einiger Zeit Naturmaterialien und Sandspielzeug zur Verfügung, werden die Kinder sofort mit ihnen experimentieren.
- In Verbindung mit Wasser wird die Erde zu einem formbaren Material, das man kneten und formen kann, und dass sich hervorragend zum Bauen eignet.
- Wieder im Gruppenraum zurück, können gemeinsam der Thementisch und die passende Bücherecke gestaltet werden.

Art der Aktivität:
Gespräch / Freispiel

Bildungsbereiche:
Naturwissenschaft und Technik, Kreativität und Musik

Kompetenzbereiche:
Kreativität, taktile Wahrnehmung und Experimentierfreude entwickeln, physikalische Eigenschaften entdecken, soziales Miteinander weiterentwickeln

Kinder:
ganze Gruppe

Schwierigkeitsgrad:
★ ☆ ☆ ☆ ☆ ☆

Aktivität:
1 – 2 Std.

Material:
Globus, Glasschüssel, Erde, Tuch, Naturmaterialien, Sandspielzeug, Wasser, Bücher zum Thema Erde

Material pro Kind:
Matschkleidung

Name:

Erde

Lass dir das Gedicht von einem Erwachsenen vorlesen.
Male dazu ein Bild.

Sie staubt und wirbelt plötzlich auf,
wenn eine große Windhose
sie schreckt, das nimmt sie gern in Kauf,
dann wandert sie davon, ganz lose.

Sie trägt die Farben Rot, Braun, Grün,
wenn auf ihr wilde Blumen blüh'n.
Und bebt sie auch mal ganz bestimmt,
ist sie doch friedlich meist gestimmt.

Judith Ludwig

Erde

Art der Aktivität:
Experiment / kreatives Gestalten

Bildungsbereiche:
Kreativität und Musik, Naturwissenschaft und Technik

Kompetenzbereiche:
Sachwissen erweitern, Feinmotorik weiterentwickeln, Gestaltungstechnik kennenlernen

Kinder:
6 – 8

Schwierigkeitsgrad:
★ ★ ☆ ☆ ☆ ☆

Aktivität:
15 – 20 Min.

Material:
Bildmaterial zur Höhlenmalerei, verschiedene, getrocknete Erdsorten, Schüsseln, Mörser, Sieb, große Schraubgläser (z. B. Gurkengläser), Kleister, Wasser, Schneebesen, dicke Pinsel, festes Papier oder Karton

Erdfarben

Rote und gelbe Erdfarben wurden schon in der Steinzeit für Höhlenmalereien verwendet. Später wurden Häuser mit Erdfarben gestrichen und auch heute werden in Afrika Hauswände mit Erdfarben bemalt. Erdfarben in verschiedenen Farbtönen selbst herzustellen, ist für Kinder eine tolle Erfahrung.

So geht's:

- Die Kinder versammeln sich um die Arbeitstische. Zeigen Sie ihnen Bilder von Höhlenmalereien und besprechen Sie die dabei verwendeten Farben. Bieten Sie den Kindern an, selbst Erdfarben herzustellen.
- Stellen Sie Schüsseln mit getrockneten Erdsorten bereit, die Sie zuvor gemeinsam gesammelt haben (siehe S. 23). Jedes Kind sucht sich etwas getrocknete Erde aus und darf diese mit dem Mörser zu feinem Pulver zerstoßen. Anschließend streichen die Kinder ihr Erdpulver durch ein Sieb in ein Schraubglas. Geben Sie dabei Hilfestellung, falls nötig.
- Stellt man die Gläser mit den Farbpigmenten nebeneinander, kann man die unterschiedlichen Farbnuancen der jeweiligen Erdsorten gut erkennen. Sprechen Sie mit den Kindern darüber und lassen Sie sie die verschiedenen Farbtöne mit eigenen Worten beschreiben.
- Rühren Sie das Kleisterpulver nach Gebrauchsanweisung mit Wasser an und lassen Sie es einige Minuten quellen.
- Nun wird unter Rühren so viel Kleister zu den Farbpigmenten gegeben, bis ein geschmeidiger Brei ohne Klümpchen entstanden ist. Je weniger Kleister zu den Pigmenten gegeben wird, desto deckender ist die Farbe.
- Mit der fertigen Farbe kann nun mit dicken Pinseln auf festem Papier oder Karton gemalt werden.
- Bewahren Sie die Farben gut verschlossen im Kühlschrank auf, so sind sie einige Wochen haltbar.

Tipp:

Stellen Sie auch weißen Ton oder gelben Lehm (Bastelbedarf) zur Verfügung, um das Farbspektrum etwas zu erhöhen.

Variante:

Um Ölfarben herzustellen, ersetzen Sie den Kleister durch Leinöl.

Erdsortentest

Dass Erde nicht gleich Erde ist, können die Kinder auf sehr anschauliche Weise herausfinden. Die verschiedenen Erdsorten werden unterschieden in lehmige Böden, Sandboden, Torfboden, Kalkboden und Humus. Bei der folgenden Aktivität untersuchen die Kinder die unterschiedliche Zusammensetzung der Erdsorten.

So geht's:

- Versammeln Sie die Kinder und regen Sie ein kurzes Gespräch darüber an, ob Erde immer gleich aussieht und woraus Erde besteht.
- Erläutern Sie, dass es verschiedene Erdsorten gibt. Sammeln Sie gemeinsam mit den Kindern Anschauungsmaterial dazu im Internet und aus Büchern.
- Bieten Sie den Kindern an, bei einem Ausflug in die Natur Erdproben zu nehmen. Anschließend können sie untersuchen, welche Erdsorten es in der Umgebung des Kindergartens gibt.
- Die Kinder ziehen sich dem Wetter entsprechend an. Jedes Kind bekommt ein Schraubglas und eine kleine Schaufel.
- Unterwegs werden die Schraubgläser jeweils zu einem Drittel mit Erde von verschiedenen Orten und aus unterschiedlichen Bodentiefen gefüllt. In jedes Glas kommt die Erde eines Fundorts. Auf den Deckel wird ein Etikett mit Namen des Kindes und Tiefe des Fundorts geklebt.
- Zurück im Kindergarten füllen die Kinder ihr Glas zu drei Vierteln mit Wasser, verschließen es fest und schütteln alles gut durch. Die Gläser werden abgestellt und sollen ab jetzt nicht mehr bewegt werden.
- Nach etwa zwei bis drei Stunden haben sich, je nach Bodenart, verschiedene Schichten im Glas abgesetzt. Mit der Lupe betrachten die Kinder den Inhalt ihres Glases.
- Besprechen Sie mit den Kindern ihre Beobachtungen: Bei sandigen Bodenproben haben sich unten die schwereren, steinigeren Partikel abgesetzt, oben liegt hellerer Schlick. Bei lehmigeren Bodenproben liegen die mineralischen Bestandteile unten, dunkler Humus bildet die oberste Schicht.

Tipps:

- Für das Portfolio malen die Kinder ihr Glas mit den verschiedenen Schichten, die sich abgesetzt haben. Schreiben Sie Erdsorte und Fundort der Bodenprobe dazu.
- Wenn Sie auf dem Spaziergang gleich etwas mehr Erde von jeder Sorte mitnehmen, können Sie daraus die Erdfarben (siehe S. 24) herstellen.

Variante:

Auch mit bloßer Hand können Erdsorten unterschieden werden: Lehmiger Erdboden und Humus lassen sich zusammendrücken und formen. Lehmiger Boden bleibt in Form, Humus fällt jedoch wieder auseinander. Sandiger Boden rieselt beim Drücken zwischen den Fingern hindurch.

Art der Aktivität:
Naturerfahrung

Bildungsbereiche:
Forschen und entdecken, Naturwissenschaft und Technik

Kompetenzbereiche:
sprachliche Ausdrucksfähigkeit und Beobachtungsfähigkeit weiterentwickeln, Sachwissen erweitern, selbstständig Wissen erwerben und sortieren

Kinder:
7 – 10

Schwierigkeitsgrad:
★★☆☆☆☆

Aktivität:
1 Tag

Material:
Computer mit Internetzugang, Bücher, Klebeetiketten, Stift, Schaufel, Wasser, Lupe

Material pro Kind:
Schraubglas, kleine Schaufel

Sandbilder

Kindern macht es großen Spaß, Bilder mit Sand zu gestalten. Das Malen mit dem Sandpendel beruhigt und entspannt sie.

So geht's:

- Die Kinder stechen mit einem Nagel knapp unter dem oberen Rand ihres Joghurtbechers gegenüberliegend zwei Löcher. In den Boden des Bechers wird ein kleines Loch gestochen, durch das später der Sand rieselt.
- Durch die Löcher am Rand des Bechers wird eine ca. 20 Zentimeter lange Paketschnur gefädelt und festgeknotet, sodass eine Schlaufe entsteht.
- Gehen Sie mit den Kindern nach draußen. Jedes Kind sucht sich einen Platz am Boden, der möglichst eben ist, und kehrt ihn bei Bedarf. Dafür gut geeignet sind betonierte Flächen.
- Jedes Kind füllt seinen Joghurtbecher mit Sand. Dabei muss das Loch am Boden des Bechers zugehalten werden, damit der Sand nicht schon vorab hinausrieselt. Helfen Sie den Kindern dabei, falls nötig.
- Über der freien Bodenfläche schwingen die Kinder ihr Sandpendel. Der Sand rieselt durch das Loch im Becher und hinterlässt dabei Spuren auf dem Boden. Je nachdem, wie groß das Loch im Joghurtbecher ist und wie schnell der Becher geschwungen wird, entstehen dicke oder dünne Spuren aus Sand.
- Sind die Kinder fertig, werden die Kunstwerke gemeinsam betrachtet und für die Portfolios fotografiert.

Tipps:

- Wer mag, kann mit Straßenkreide einen Rahmen auf den Boden zeichnen, in den das Sandbild hineingemalt wird.
- Wird auf der Bodenfläche ein dick mit Kleister bestrichenes Papier ausgelegt und darüber das Sandpendel geschwungen, entsteht ein dauerhaftes Sandbild als schöne Erinnerung für das Portfolio.

Variante:

Die Kinder können Wasser in die Becher füllen und ihr Pendel über einer glatten Sandfläche schwingen.

Art der Aktivität:
Schwungübung

Bildungsbereich:
Kreativität und Musik

Kompetenzbereiche:
Feinmotorik weiterentwickeln, Kreativität entfalten, Entspannung erleben, Gestaltungstechnik kennenlernen

Kinder:
2 – 3

Schwierigkeitsgrad:
★ ★ ☆ ☆ ☆ ☆

Aktivität:
15 – 20 Min.

Material:
Nagel, Paketschnur, Eimer mit Vogelsand, Eimer, Schaufel, Besen, Fotoapparat

Material pro Kind:
Joghurtbecher

Erde

Art der Aktivität:
Forschen

Bildungsbereiche:
Forschen und entdecken, Naturwissenschaft und Technik

Kompetenzbereiche:
Motorik schulen, Sachwissen erweitern, selbstständig Wissen erwerben und sortieren, sprachliche Ausdrucksfähigkeit und Beobachtungsfähigkeit weiterentwickeln

Kinder:
7 – 10

Schwierigkeitsgrad:
★ ★ ☆ ☆ ☆ ☆

Aktivität:
ca. 1,5 Std.

Material:
Spaten, Taschenlampe, Bretter, Computer mit Internetzugang, Bücher

Blick in die Erde

Besteht unser Planet Erde nur aus Erde? Was ist unter der Erdkruste? Diese oder ähnliche Fragen stellen Kinder gerne, wenn es um den Namen des Planeten Erde geht. Hier erhalten die Kinder die Gelegenheit, selbst Antworten auf diese Fragen zu finden.

So geht's:

- Versammeln Sie die Kinder und führen Sie ein kurzes Gespräch über die Möglichkeiten, in die Erde hineinzublicken. Hatten alle Kinder die Gelegenheit, eigene Ideen zu entwickeln und diese kundzutun, bieten Sie ihnen an, gemeinsam ein tiefes Loch im Garten zu graben, um erste Erkenntnisse zu sammeln.
- Dem Wetter entsprechend gekleidet suchen die Kinder gemeinsam eine geeignete Stelle im Garten und graben mit dem Spaten ein mindestens 50 Zentimeter tiefes Loch. Die Kinder wechseln sich beim Ausheben ab. Leisten Sie dabei Hilfestellung, wenn nötig. Wichtig ist nicht die Geschwindigkeit, sondern dass genau beobachtet wird.
- Besprechen Sie während des Grabens mit den Kindern, was ihnen auffällt. Bleibt die Farbe des Aushubs gleich? Verändert sich die Beschaffenheit der Erde? Stoßen die Kinder auf Wurzeln oder Steine? Sind die Steine immer gleich groß?
- Ist das Erdloch tief genug, kann es mit der Taschenlampe inspiziert werden. Besprechen Sie mit den Kindern ihre Entdeckungen. Können sie verschiedene Schichten erkennen? Wodurch lassen sich die Schichten unterscheiden?
- Abschließend wird das Loch wieder zugeschüttet oder mit Brettern gesichert, damit beim Spielen im Garten keine Verletzungsgefahr besteht.
- Wieder zurück im Gruppenraum sammeln Sie gemeinsam mehr Informationen aus Büchern und im Internet zum Aufbau des Erdbodens und zum Querschnitt des Planeten Erde.

Tipps:

- Graben Sie möglichst nicht zu nah am Kindergartengebäude, da sich dort im Boden nur der Bauschutt und das Füllmaterial der Baugrube befindet.
- Ermuntern Sie die Kinder, auch außerhalb des Kindergartens nach Gucklöchern in die Erde, z. B. Baugruben, Ausschau zu halten.
- Auf einem großen Plakat können die Kinder den Aufbau des Erdbodens darstellen. Im Laufe der Zeit kann das Bild durch Erdbewohner, Pflanzen etc. erweitert werden.
- Eine abstraktere, künstlerische Darstellung der Erdschichten gelingt mit der Gestaltung von Hinterglasbildern (siehe S. 11).
- Zusammen mit engagierten Eltern können Sie das Erdloch dazu verwenden, das „Garen im Erdloch", eine Zubereitungstechnik aus Papua Neuguinea, auszuprobieren.
- Beim Besuch eines Steinbruchs oder einer Kiesgrube haben die Kinder die Möglichkeit, noch tiefer in die Erde zu blicken. Die verschiedenen Schichten des Erdbodens lassen sich dabei gut erkennen.

Entdeckerkarten Erdbewohner

Der Erdboden bietet vielen Tieren Lebensraum: größeren Tieren, die ihre Gänge und Höhlen unter der Erde bauen, aber auch vielen Spinnen, Insekten und winzigen Tieren, die für den Stoffkreislauf wichtig sind. Es lohnt sich, den Kindern diese Tierwelt näherzubringen, Vertrautheit zu schaffen, Wertschätzung zu vermitteln und Forschergeist zu wecken.

So geht's:

- Bestimmt haben die Kinder beim Spielen in der Natur schon mal Bodentiere entdeckt. Einige Kinder betrachten diese mit Neugier, andere eher mit Ekel. Versammeln Sie die Kinder und regen Sie ein kurzes Gespräch über die Erdbewohner an.
  - Welche Erdbewohner kennst du?
  - Wo sind die Tiere zu finden?
  - Welche Aufgaben haben diese Tiere?
- Sammeln Sie gemeinsam mit den Kindern Wissen zu den verschiedenen Erdbewohnern im Internet und aus Büchern. Kopieren oder drucken Sie Bilder der verschiedenen Tiere aus.
- Jetzt werden die Bilder auf vorbereitete Karten aus Tonkarton geklebt, beschriftet und laminiert. Es bietet sich an, die Tiere zu gruppieren:
  - Gelbe Karten: Größere Tiere, die ihren Bau, ihre Höhlen und Gänge unter der Erde haben, z. B. Fuchs, Kaninchen, Maulwurf, Feldmaus.
  - Grüne Karten: kleine Tiere, z. B. Ameise, Spinne, Regenwurm, Assel, Schnecke, Ohrwurm, Schnurfüßer, Steinläufer, Saftkugler.
  - Blaue Karten: Kleinste Tiere, die nur mit der Lupe oder mit dem Mikroskop sichtbar sind, z. B. Springschwänze, Engerling, Milbe, Bakterien, einzellige Tierchen.
- Die fertigen Entdeckerkarten werden in einem Karteikasten für die Kinder gut zugänglich aufbewahrt. Beim Spielen im Garten oder auf Spaziergängen können sie mitgenommen werden.

Tipp:

Die Entdeckerkarten können auch als Quartettspiel gestaltet werden. Hierzu müssen Unterkategorien mit Symbol gebildet werden, z. B. Kategorie Hundert- und Tausendfüßer: Schnurfüßer, Steinläufer, Spinnenläufer, Erdläufer.

Art der Aktivität:
Gestalten

Bildungsbereiche:
Forschen und entdecken, Natur und Umwelt

Kompetenzbereiche:
Sachwissen erweitern, selbstständig Wissen erwerben und sortieren

Kinder:
7 – 10

Schwierigkeitsgrad:
★★★☆☆☆

Aktivität:
40 Min.

Material:
Computer mit Internetzugang, Bücher, Drucker, Kopierer, Tonkarton in Gelb, Grün und Blau, Schere, Klebstoff, Stift, Laminiergerät und -folien, Karteikasten

Erde

Art der Aktivität:
Beobachtung

Bildungsbereiche:
Forschen und entdecken, Natur und Umwelt

Kompetenzbereiche:
Sachwissen erweitern, sprachliche Ausdrucksfähigkeit und Beobachtungsfähigkeit weiterentwickeln, Verantwortungsbewusstsein wecken

Kinder:
4 – 6

Schwierigkeitsgrad:
★ ★ ★ ☆ ☆ ☆

Aktivität:
20 – 30 Min.

Material:
Steinplatte, Laub, Holzscheite, gestaltete Entdeckerkarten (siehe S. 27)

Material pro Kind:
Lupe

Schau mal, was da kriecht und krabbelt

Die Kinder haben schon einiges über die Bewohner der Erde herausgefunden, ihr Wissen zusammengetragen und Entdeckerkarten gestaltet. Nun sind die Kinder bestens darauf vorbereitet, die Bodentierchen im Garten zu beobachten.

Vorbereitung:

Legen Sie einige Tage vorher an einem schattigen Ort im Garten Steinplatten, kleine Laubhaufen und Holzscheite aus, unter denen sich die Bodentiere ansammeln können. Halten Sie alles gut feucht.

So geht's:

- Dem Wetter entsprechend gekleidet versammeln Sie die Kinder im Garten. Wiederholen Sie gemeinsam mit den Kindern, was sie bereits über Bodentiere wissen, und sehen Sie sich passend dazu die Entdeckerkarten an (siehe S. 27).
- Fragen Sie die Kinder, welche Erdbewohner wohl im Garten des Kindergartens leben. Woran können die Kinder sie erkennen, z. B. an Maulwurfshügeln, und wie können sie die kleineren Tiere finden?
- Zeigen Sie den Kindern die Anlockstellen, die Sie vorbereitet haben. Erklären Sie, dass sich die Bodentierchen darunter angesammelt haben.
- Weisen Sie die Kinder darauf hin, vorsichtig mit den Tieren umzugehen. Keinem Bodentierchen darf etwas passieren! Sie sollen so wenig wie möglich gestört oder erschreckt werden.
- Vorsichtig wird eine Anlockstelle aufgedeckt. Nun können die Kinder die Bodentiere mit der Lupe genau betrachten. Nacheinander decken Sie alle Anlockstellen auf.
- Unterstützen Sie die Kinder bei der Beobachtung, indem Sie ihnen Tipps geben, worauf sie besonders achten können, z. B.:
  - Wie verhalten sich die Tiere, wenn der Unterschlupf aufgedeckt wird? Laufen sie weg? Rollen sie sich zusammen?
  - Wie bewegen sich die Tiere?
  - Welches Tier hat Flügel / einen Rüssel?
  - Wie viele Beine / welche Farbe haben die Tierchen?
- Die Kinder vergleichen die Bodentiere mit den Entdeckerkarten und bestimmen sie mit Ihrer Hilfe. Danach wird die Stelle wieder verdeckt.

Tipp:

Die Kinder können etwas Laub und Erde vom Boden aufnehmen und in ein Sieb geben. Schüttelt man das Sieb vorsichtig über einer Schüssel, fallen die Tiere hinein. Dann können sie mithilfe eines Insektenstaubsaugers (Bauanleitung im Internet) in eine Becherlupe gesetzt und einzeln beobachtet werden. Danach werden alle Tiere wieder an ihren Auffindeort gesetzt.

Die Arbeit des Regenwurms

Die nachtaktiven Regenwürmer leben unter der Erde im humosen Oberboden und tragen maßgeblich zur Auflockerung und Belüftung des Bodens bei. Sie ernähren sich von Pflanzenmaterial, das sie in tiefere Schichten ziehen, sodass es dort vermodert. Der Kot des Regenwurms wiederum ist sehr nährstoffreich und dient als Dünger für die wachsenden Pflanzen. Bei folgendem Versuch können die Kinder das Leben des Regenwurms unter der Erde beobachten.

So geht's:

- Versammeln Sie die Kinder und regen Sie ein Gespräch über den Regenwurm an: Wo lebt ein Regenwurm? Was tut er dort? Was frisst er? Schlagen Sie vor, eine Landschaft für Regenwürmer zu gestalten, um ihnen bei der Arbeit zuzusehen.
- Dazu schichten die Kinder abwechselnd jeweils etwa zwei Zentimeter Erde und Sand in einen großen Glasbehälter. Anschließend sprühen die Kinder Leitungswasser darauf, bis alles gut durchfeuchtet, aber nicht nass ist.
- Im Garten graben die Kinder maximal fünf Regenwürmer pro Glas aus. Zurück im Kindergarten legen sie die Würmer behutsam auf die oberste Erdschicht.
- Als Futter für die Regenwürmer streuen die Kinder Gräser, Laub und Kaffeesatz darüber und stellen das Glas an einem kühlen Ort auf. Das ganze Glas wird mit einem schwarzen Tuch bedeckt, denn die Regenwürmer brauchen es dunkel.
- Alle zwei Tage versorgen die Kinder ihre Regenwürmer, damit sie sich wohlfühlen: Sie halten die Erde im Glas feucht, indem sie sie mit Wasser besprühen, entfernen verdorbenes Grünzeug und erneuern das Futter.
- Bereits nach etwa vier Tagen können die Kinder beobachten, dass Erde und Sand umgeschichtet wurden. Einige Tage später werden die Gänge des Regenwurms sichtbar und das Futter, das die Kinder auf die Erdoberfläche gelegt haben, befindet sich nun auch in tieferen Schichten des Glases.
- Nach maximal zwei Wochen werden die Regenwürmer wieder an der Stelle ausgesetzt, an der sie ausgegraben wurden.

Tipp:

Sie können die einzelnen Arbeitsschritte (Arbeitsplatz gestalten, Regenwürmer suchen, tägliche Pflege) auch auf Kleingruppen verteilen.

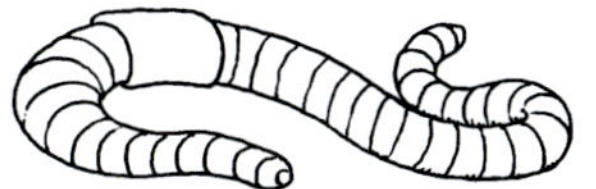

Art der Aktivität:
Projekt

Bildungsbereiche:
Forschen und entdecken, Natur und Umwelt

Kompetenzbereiche:
Sachwissen vertiefen, Wahrnehmungs- und Konzentrationsfähigkeit weiterentwickeln, Naturzusammenhänge erkennen, Verantwortungsbewusstsein wecken

Kinder:
5 – 10

Schwierigkeitsgrad:
★★★☆☆☆

Aktivität:
20 Min.

Material:
Einmachglas (mind. 1 l), Sand, Blumen- oder Komposterde, Gräser, Laub, Kaffeesatz, Sprühflasche mit Wasser, 5 Regenwürmer, Eimer, Schaufeln, dunkles Tuch

Erde

Du, komm zu mir

Text und Melodie: überliefert

Folgende Bewegungen können beim Singen ausgeführt werden:

Du, komm zu mir,	*auf ein Kind zeigen und zu sich herwinken*
dann zeig ich **dir,**	*noch mal auf das Kind zeigen*
was ich **gefunden** hab:	*offene Hand nach vorn strecken*
einen kleinen **Regenwurm**, der krabbelt noch.	*Arm ausstrecken und schlängelnde Bewegung machen*
Mist, jetzt ist er weg,	*ärgerlich auf den Boden stampfen*
die Hose hat ein **Loch!**	*ein Loch formen und hindurchsehen*
Mist,	*ärgerlich auf den Boden stampfen*
psst, psst,	*Zeigefinger vor die Lippen legen und „psst, psst" machen*
so ein **Mist,**	*ärgerlich auf den Boden stampfen*
psst, psst,	*Zeigefinger vor die Lippen legen und „psst, psst" machen*
dass der **Wurm**	*Arm ausstrecken und schlängelnde Bewegung machen*
aus dem Loch **gekrabbelt** ist!	*beide Hände nach außen öffnen*

Maulwurf-Labyrinth

Maulwürfe leben in einem unterirdischen Gangsystem, das sie selbst mithilfe ihrer bekrallten Vordergliedmaßen graben. Maulwürfe sind fast blind und ernähren sich von Regenwürmern, Insekten und deren Larven. In ihren Gangsystemen befinden sich verschiedene Räume, sogenannte Kessel: Nest- und Wohnkessel, Vorratskammern und eine Tränke. Die Kinder erhalten hier die Gelegenheit, sich bei der Gestaltung eines Brettspiels spielerisch mit dem Maulwurf auseinanderzusetzen.

So geht's:

- Die Kinder versammeln sich um den Arbeitstisch. Regen Sie ein kurzes Gespräch über die Lebensweise des Maulwurfs und sein unterirdisches Gangsystem an. Was wissen die Kinder bereits darüber? Bieten Sie ihnen an, ein eigenes Maulwurf-Labyrinth zu gestalten.
- Jedes Kind bekommt eine Kopie der Gestaltungsvorlage zum Maulwurf-Labyrinth. Diese wird auf Tonkarton geklebt und nach eigenen Wünschen bemalt und beklebt. Achten Sie darauf, dass die Gänge des Labyrinths frei bleiben.
- Nun wird der Maulwurf gestaltet. Hierfür wird ein 1 x 2 cm großes Rechteck aus schwarzem Tonpapier ausgeschnitten. Aus dem rosa Tonpapier schneiden die Kinder eine Maulwurfsschnauze und vier Grabekrallen aus, die auf den schwarzen Tonpapierstreifen geklebt werden. Wer möchte, kann noch einen kleinen schwarzen Schwanz ausschneiden und seinem Maulwurf ankleben. Dann kleben die Kinder die beiden schwarzen Pompons auf den schwarzen Tonpapierstreifen.
- Der fertige Maulwurf wird anschließend mit Heißkleber auf einem der beiden Magnete befestigt.
- Sind Labyrinth und Maulwurf getrocknet, kann der Maulwurf an den Start des Labyrinths gesetzt werden. Auf der Unterseite des Tonkartons wird der zweite Magnet direkt unter dem Maulwurf platziert, sodass sich die Magnete anziehen und die Figur auf dem Spielfeld hält.
- Verschiebt man nun den unteren Magnet, bewegt sich der Maulwurf im Labyrinth. Schafft es der Maulwurf, den Ausgang zu finden?

Tipp:

Wenn Sie die Vorlage für das Maulwurf-Labyrinth auf DIN A3 vergrößern, können die Kinder die magnetische Maulwurfsfigur leichter durch die Gänge schieben.

Art der Aktivität:
Gestalten / Spiel

Bildungsbereich:
Kreativität und Musik

Kompetenzbereiche:
Feinmotorik und Auge-Hand-Koordination verfeinern

Kinder:
6 – 8

Schwierigkeitsgrad:
★ ★ ★ ☆ ☆ ☆

Aktivität:
30 Min.

Material:
Klebestift, Farbstifte, farblos trocknender Bastelkleber, Material zum Verzieren der Gänge (z. B. Vogelsand, kleine Steinchen, Erdkrümel), Tonpapier in Schwarz und Rosa, Schere, Heißklebepistole

Material pro Kind:
Kopie der Gestaltungsvorlage von Seite 32, Tonkarton, zwei schwarze, ca. 1 cm große Watte- oder Filzpompons (Bastelbedarf), zwei Magnete

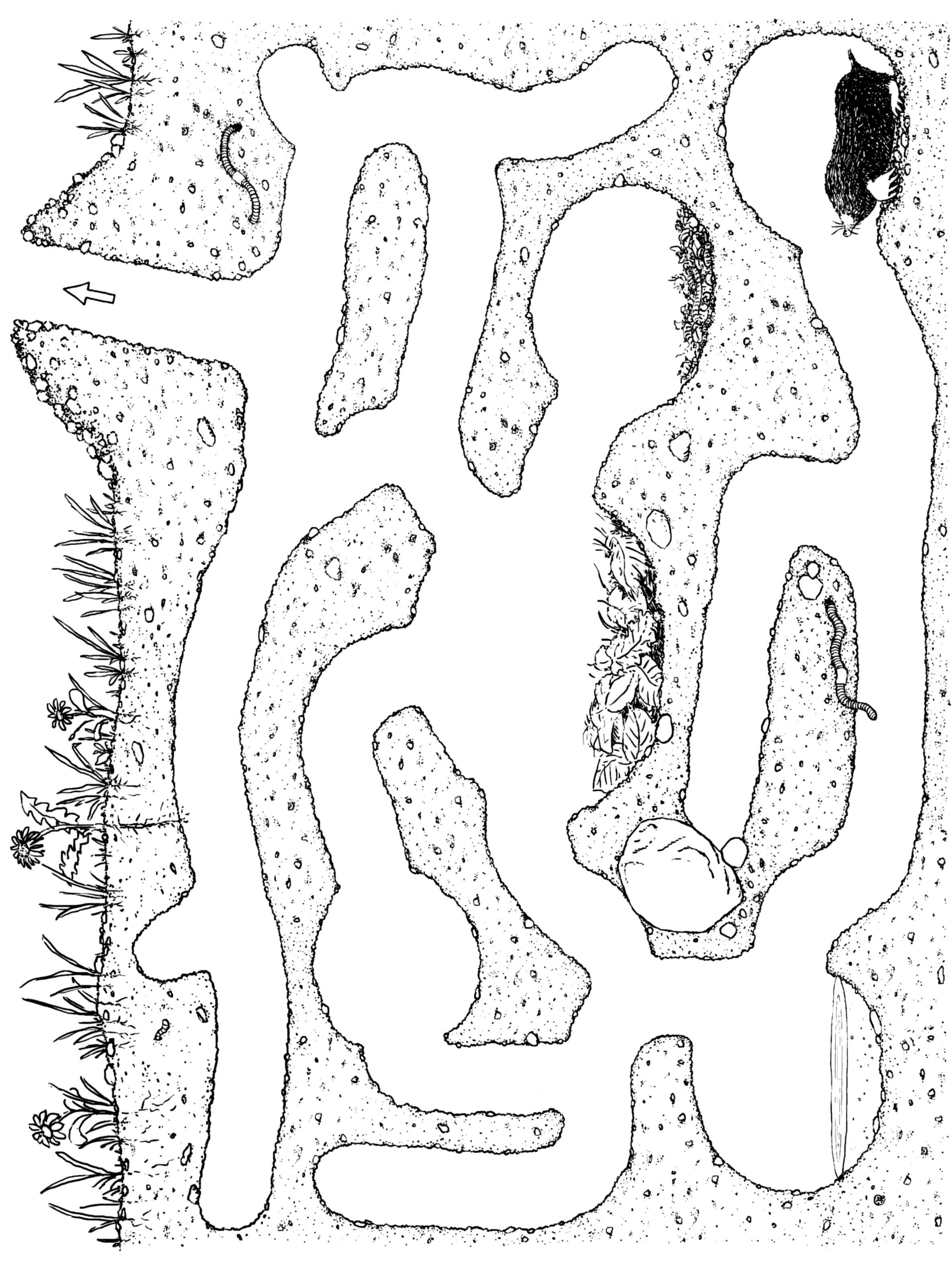

Maulwurf-Massage

Massagen sind eine wunderbare Möglichkeit, Kinder zur Ruhe zu bringen. Die Nähe und die Berührung stärken das Wohlbefinden der Kinder, bauen Stress ab und entspannen.

Vorbereitung:

Bereiten Sie einen Raum zum Entspannen vor. Für je zwei Kinder benötigen Sie eine weiche Matte, neben der ein dicker Pinsel liegt. Sorgen Sie für eine entspannte Atmosphäre.

So geht's:

- Versammeln Sie die Kinder im Entspannungsraum. Die Kinder finden sich paarweise zusammen und suchen sich eine Matte aus. Bereiten Sie die Kinder darauf vor, dass sie sich gegenseitig etwas Gutes tun und eine Maulwurf-Massage durchführen dürfen.
- Die Kinder machen untereinander aus, wer als Erstes massiert wird. Das gewählte Kind darf sich gemütlich auf den Bauch auf die Matratze legen.
- Das andere Kind kniet sich neben die Matte und hört Ihnen zu. Es macht die Bewegungen auf dem Rücken des anderen Kindes nach. Lesen Sie langsam die Geschichte und machen Sie die Bewegungen dazu vor:

Langsam gräbt der Maulwurf seine Gänge in die Erde. Er gräbt einen Weg zum Grundwasser und einen Tunnel für Regenwasser.	*mit schaufelartigen Bewegungen beide Hände über den Rücken bewegen*
Er buddelt einen Wohnkessel, sein Vorratslager und ein gemütliches Nest für seine Jungen.	*die schaufelartigen Bewegungen an drei beliebigen Stellen am Rücken verstärken*
Der Maulwurf klopft alles glatt, was er gebaut hat.	*sanft mit den Händen den Rücken hinauf und hinunter klopfen*
Er polstert seinen Wohnkessel mit Moos und Heu, damit er schön kuschelig ist.	*mit dem großen Pinsel in kurzen Bewegungen über den Rücken streichen*
In seine Vorratskammer schafft er Futter. Er liebt Regenwürmer, Larven und andere Bodentiere.	*mit den Fingerspitzen über den Rücken trommeln*
Jetzt ist der Maulwurf müde. Er legt sich schlafen und atmet tief und fest.	*beide Handflächen an mehreren Stellen auf den Rücken legen, sanft drücken und wieder lösen*
Der Maulwurf ist wieder aufgewacht. Ausgeschlafen, frisch und munter streckt er sich.	*mit einer Faust von unten nach oben über den Rücken streichen das liegende Kind streckt sich*

- Regen Sie die aktiven Kinder dazu an, bei ihren Partnern leise nachzufragen: „Ist das angenehm? Ist das gut so? Ist es zu fest?"

Art der Aktivität:
Massage

Bildungsbereiche:
Körper, Bewegung und Gesundheit, Miteinander leben, soziale Beziehungen und Emotionalität

Kompetenzbereiche:
Körperwahrnehmung entwickeln, Bedürfnisse äußern, Entspannung erleben

Kinder:
10

Schwierigkeitsgrad:
★★☆☆☆☆

Aktivität:
20 Min.

Material pro Paar:
weiche Matte, dicker Pinsel

Achtung!
Jedes Kind wird nur dann massiert, wenn es das auch wirklich möchte. Die Massage dauert nur so lange, wie sich das Kind wohlfühlt.

Erde

Art der Aktivität:
Werken

Bildungsbereiche:
Natur und Umwelt,
Kreativität und Musik

Kompetenzbereiche:
Feinmotorik weiterentwickeln, Sachwissen erweitern, Verantwortung für die Umwelt übernehmen

Kinder:
8 – 10

Schwierigkeitsgrad:
★ ★ ☆ ☆ ☆ ☆

Aktivität:
30 – 40 Min.

Material:
Schüssel, alter Kochlöffel, Backblech

Material pro Kind:
Malkittel

Zutaten:
10 Tassen rote Tonerde (Baumarkt)
6 Tassen Blumenerde
2 Tassen Blumensamen (z. B. Wildblumenmischung)
2 Tassen Wasser

Samenbomben

Samenbomben haben ihren Ursprung in der Szene der Garten-Guerilla, einer Bewegung, die es sich zum Ziel gesetzt hat, brachliegende Flächen in Großstädten mithilfe von Blumen zu begrünen und so zu neuem Leben zu erwecken. Auch das Außengelände des Kindergartens kann von den Kindern durch die selbst hergestellten Kugeln verschönert werden.

So geht's:

- Die Kinder versammeln sich in Malkitteln um den Arbeitstisch. Regen Sie ein kurzes Gespräch über die Wichtigkeit und die Aufgaben der Pflanzen, Bäume und Blumen auf unserer Erde an. Stellen Sie ihnen die lustige Methode des Blumenpflanzens durch Samenkugeln vor und bieten Sie an, selbst welche herzustellen und anschließend zu werfen.
- Besprechen Sie mit den Kindern die benötigten Materialien. Der Reihe nach schütten die Kinder alle Zutaten in eine Schüssel und vermengen diese mit einem alten Kochlöffel. Anschließend wird alles mit den Händen gut durchgeknetet. Achten Sie auf die richtige Menge Wasser: Der entstandene Teig darf weder zu trocken noch zu klebrig sein.
- Aus dem Teig werden Kugeln von etwa zwei bis drei Zentimetern Durchmesser geformt. Fallen die Samenbomben größer aus, können die Samen nicht so gut keimen. Wenn die Kugeln rund, weich und glatt sind, sind sie fertig.
- Die Kugeln werden auf einem Backblech zum Trocknen ausgelegt. Nach zwei bis drei Tagen sind die Samenbomben fertig.
- Gehen Sie mit den Kindern in den Garten und überlegen Sie gemeinsam, wo die Blumen am besten wachsen können – die gewählten Plätze dürfen nicht zu schattig sein! Dann dürfen die Kinder die Samenbomben auf die besprochenen Stellen werfen.
- Mit etwas Glück erhalten die Kinder nach einiger Zeit ein blumiges Ergebnis.

Tipps:

- Teilen Sie die Menge der Zutaten auf zwei Schüsseln auf, dann können mehr Kinder gleichzeitig mitarbeiten.
- Sie können die Samenmischung auch selbst herstellen. Gut geeignet dafür sind Samen von Lavendel, Kornblume, Ringelblume, Johanniskraut, Mohn, Sonnenblume, Malve oder Tagetes.
- Ein Blüherfolg ist natürlich abhängig vom Klima und der Beschaffenheit des Bodens. Falls möglich, drücken Sie die Samenkugeln leicht auf der Erde an und halten Sie die Stelle bis zum Keimen gleichmäßig feucht.
- Vielleicht gibt es auch einen Ort im öffentlichen Raum, der mit Samenbomben verschönert werden darf? Fragen Sie dafür in der zuständigen Verwaltung der Stadt oder Gemeinde nach.

Infoseite: Wasser

- Wasser ist die chemische Verbindung von Sauerstoff und Wasserstoff. Ab einer Temperatur von 0 °C auf Meeresspiegelniveau wird das flüssige Wasser zu Eis, bei 100 °C hingegen wird es gasförmig und verdampft. Wasser ist die einzige chemische Verbindung, die von Natur aus in drei unterschiedlichen Aggregatzuständen vorkommt.
- Wasser besteht aus Wassermolekülen, die sich gegenseitig anziehen und eine möglichst geringe Oberfläche anstreben. Da eine Kugel die geringste Oberfläche hat, nehmen Wassertropfen die Kugelform an. Wenn sie zu Boden fallen, erhalten sie durch die Erdanziehungskraft die typische Tropfenform.
- Die Oberfläche unseres „blauen Planeten" ist zu 71 % mit Wasser bedeckt, wobei das Salzwasser der Weltmeere den größten Teil ausmacht. Nur etwa 3 % sind Süßwasser und nur etwa 0,3 % sind als Trinkwasser nutzbar – Wasser ist kostbar!
- Ohne Wasser gäbe es kein Leben auf der Erde. Tiere, Pflanzen und auch Menschen sind gleichermaßen darauf angewiesen. Es bietet in Meeren, Flüssen, Bächen, Seen oder Teichen Lebensraum für die verschiedensten Pflanzen und Tiere.
- Auch im menschlichen Körper spielt Wasser eine große Rolle: Zu mehr als 70 % besteht der Mensch aus Wasser. Kinder bis zum zehnten Lebensjahr sollten ca. 1,5 Liter Flüssigkeit pro Tag zu sich nehmen, Erwachsene bis zu drei Liter.
- Wasser ist ein wichtiger Bestandteil vieler Lebensmittel. Brot etwa besteht zu 40 % aus Wasser, Fleisch zu 60 bis 75 %, Äpfel und Birnen zu 85 %, Karotten zu 94 % und Gurken sogar zu 98 %.
- Wasser unterliegt einem ständigen Kreislauf: Es fällt als Regen, Schnee oder Hagel zur Erde. Dort versickert das Wasser zunächst im Boden, kommt dann meist an anderer Stelle, z. B. in Form von Quellen, wieder an die Erdoberfläche. Sonnenenergie erwärmt das Wasser, wodurch es verdunstet und in die Atmosphäre aufsteigt. Dort kühlt es ab und kondensiert – es entstehen Wolken und der Kreislauf beginnt von Neuem.
- Pro Tag verbraucht ein Mensch in Deutschland ca. 125 Liter Wasser. Auch im alltäglichen Leben der Kinder spielt Wasser eine große und selbstverständliche Rolle: Es fließt bereits morgens, wenn sie beim Zähneputzen den Wasserhahn aufdrehen, sich duschen oder die Spültaste der Toilette drücken. Es fällt als Regen vom Himmel, man kann darin schwimmen oder baden und in Form von Schnee bzw. Eis kann man darauf Skifahren oder Schlittschuhlaufen.
- Der Zusammenhang zwischen der Auftriebskraft des Wassers und der Dichte der Materialien ist der Grund dafür, dass manche Dinge schwimmen und manche sinken. Da größere Gegenstände mehr Wasser verdrängen, erhalten sie auch eine größere Auftriebskraft. Materialien mit einer geringeren Dichte als Wasser schwimmen, Materialien mit einer größeren Dichte sinken. Bei Hohlkörpern vermengt sich die geringe Dichte der Luft mit der Materialdichte, z. B. bei Schiffen.

Wasser

Art der Aktivität:
Einführung / Gespräch

Bildungsbereiche:
Miteinander leben,
Forschen und entdecken

Kompetenzbereiche:
Sprachkompetenz ausbauen,
Sachwissen erweitern,
Beobachtungsfähigkeit
weiterentwickeln

Kinder:
Sitzkreis: ganze Gruppe
Wasser betrachten: 6 – 8

Schwierigkeitsgrad:
★ ★ ☆ ☆ ☆ ☆

Aktivität:
zweimal ca. 15 Min.

Material:
drei große Schraubgläser, Chiffontücher in verschiedenen Blautönen, wasserfester Filzstift, Bücher zum Thema Wasser, evtl. Lupe oder Mikroskop

Material pro Kind:
Schraubglas,
selbstklebendes Etikett

Einführung: Thema Wasser

Wasser ist Leben, aber auch Erleben. Man kann darin schwimmen, es können Schiffe darauf fahren, man kann es trinken, man kann andere damit nass spritzen – und vieles mehr.

Vorbereitung:

Füllen Sie die Schraubgläser vorab mit verschiedenen Wassersorten, z. B. Leitungswasser, Wasser aus einem See oder Teich und Regenwasser, und verschließen Sie sie gut.

So geht's:

- Versammeln Sie die Kinder im Kreis. In der Kreismitte stehen drei große verschlossene Schraubgläser mit verschiedenen Wassersorten. Um die Gläser herum sind blaue Chiffontücher drapiert.
- Sind die Kinder zur Ruhe gekommen, eröffnen Sie ihnen das neue Thema Wasser und regen Sie ein kurzes Gespräch darüber an, z. B.: Wo gibt es Wasser? (Bach, Teich, See, Meer, Regentonne, Pfütze, Spülbecken etc.) Wofür braucht man Wasser? Was macht man damit? Warum ist Wasser wichtig?
- Jedes Kind bekommt die Aufgabe, am nächsten Tag ein mit Wasser gefülltes Schraubglas, egal woher, mitzubringen. Motivieren Sie die Kinder, nicht nur Leitungswasser, sondern evtl. auch Wasser aus der Regentonne oder Spülwasser mitzubringen. Jedes Glas sollte auf dem Deckel mit dem Namen des Kindes beschriftet werden.
- Lösen Sie nun den Sitzkreis auf. Wer Lust hat, kann Ihnen helfen, das Regal für die gefüllten Marmeladengläser zu gestalten und die Bücherecke zum Thema Wasser herzurichten.
- Versammeln Sie sich am folgenden Tag jeweils mit einer Kleingruppe um einen Tisch. Die Kinder berichten, woher ihr mitgebrachtes Wasser stammt, und stellen es kurz vor.
- Nacheinander öffnet jedes Kind sein Wasserglas und „untersucht" das Wasser. Welche Farbe hat es? Ist es sauber? Was schwimmt darin? Wie riecht es? Die Fragen vom Vortag werden evtl. noch einmal aufgegriffen. Ergänzen Sie auf den Gläsern jeweils den Herkunftsort des Wassers.
- Anschließend darf jeder sein Glas in das dafür vorbereitete Regal stellen, wo es jederzeit bei geschlossenem Deckel angesehen werden kann.

Tipp:

Um die Kinder im Stuhlkreis zur Ruhe kommen zu lassen, eignet sich ein kurzes Fingerspiel, in das die Kinder mit einsteigen können. Halten Sie Ihre Hände hoch in die Luft. Mit zappelnden Fingern bewegen Sie sie langsam wie fallende Regentropfen nach unten. Dazu sprechen Sie schnell und leise: „Tropf, tropf, tropf, tropf ..." Haben alle Kinder diese Bewegung übernommen, lassen Sie die Hände schließlich sacht auf Ihre Oberschenkel fallen und flüstern dazu: „Platsch!" Ihre Hände bleiben noch kurz liegen.

Name:

Wasser

Lass dir das Gedicht von einem Erwachsenen vorlesen.
Male dazu ein Bild.

Es schmeckt nach Salz und oft auch süß,
dem Hai schmeckt's so, dem Barsch halt so,
und Fische, Algen, Menschen, Plankton:
Alle macht das Wasser froh!

Es liegt im See, fließt im Kanal,
staut sich am Damm und rauscht ins Tal.
Und hast du Lust an heißen Tagen
geh'n wir ans Meer zum Wellenjagen!

Judith Ludwig

Art der Aktivität:
Experiment / Wahrnehmungsspiel

Bildungsbereiche:
Naturwissenschaft und Technik, Forschen und entdecken

Kompetenzbereiche:
Sachwissen und Wortschatz erweitern, naturwissenschaftliche Phänomene erfahren, Zusammenhänge erkennen

Kinder:
5 – 8

Schwierigkeitsgrad:
★ ☆ ☆ ☆ ☆ ☆

Aktivität:
20 – 30 Min.

Material:
große durchsichtige Wanne mit Wasser, Gong oder Eieruhr, Kiste mit einigen Gegenständen (z. B. leere Flaschen, Schwamm, Lappen, Holzstückchen, Murmeln, Steine, Kastanien, Blätter, Korken, Kerze)

Was schwimmt? Was geht unter?

Vereinfacht gesagt schwimmen Gegenstände an der Wasseroberfläche, die leichter sind als Wasser, und Gegenstände, die schwerer sind, gehen unter. Die Dichte des Materials und die Formgebung des Gegenstands spielen dabei eine Rolle. Steckt Luft im Material, wie z. B. bei Holz, oder ist Luft eingeschlossen, wie z. B. bei Flaschen, schwimmt der jeweilige Gegenstand an der Wasseroberfläche.

So geht's:

- Versammeln Sie die Kinder um eine Wanne mit Wasser. Halten Sie eine Kiste mit verschiedenen Gegenständen bereit.
- Regen Sie ein kurzes Gespräch zum Thema Schwimmen und Sinken an.
- Besprechen Sie mit den Kindern, dass Sie nun ausprobieren dürfen, welche Gegenstände an der Wasseroberfläche schwimmen und welche untergehen.
- Jetzt haben die Kinder drei bis fünf Minuten Zeit, sich einen Gegenstand aus dem Gruppenraum zu suchen, den sie in die Wanne mit Wasser geben möchten. Die Zeit endet mit einem Gongschlag oder dem Klingeln der Eieruhr.
- Wieder im Kreis angekommen dürfen die Kinder ihren Gegenstand nacheinander zeigen und in die Wanne geben. Lassen Sie die Kinder vermuten, ob ihr Gegenstand schwimmt oder sinkt, bevor sie ihn ins Wasser geben.
- Gemeinsam wird nun beobachtet, was passiert. Schwimmt er? Kann man ihn unter Wasser drücken? Geht das leicht / schwer? Taucht er wieder auf? Geht er unter? Geht er langsam / schnell unter?
- Weitere Gegenstände aus Ihrem Vorrat werden untersucht.
- Besprechen Sie mit den Kindern den Grund für das unterschiedliche Verhalten der Gegenstände.

Tipp:

Wählt ein Kind einen Gegenstand aus dem Gruppenraum, der im Wasser kaputtgehen würde, besprechen und begründen Sie das. Das Kind kann sich dann einen Ersatzgegenstand aus Ihrem Vorrat aussuchen.

Boote und Schiffe

Anhand vorangegangener Experimente haben die Kinder bereits erfahren, dass einige Materialien auf dem Wasser schwimmen, obwohl sie groß und schwer sind. Auch bei Schiffen ist das der Fall. Materialdichte und Formgebung sind dafür verantwortlich. Mit selbst gebauten Booten können die Kinder das Wissen umsetzen und vertiefen.

So geht's:

- Sammeln Sie gemeinsam mit den Kindern Bilder von Booten, Schiffen und Dampfern in Büchern oder dem Internet. Betrachten und benennen Sie die unterschiedlichen Typen und Einsatzgebiete der Schiffe.
- Bieten Sie den Kindern nun an, ein eigenes Boot oder Schiff zu bauen, das sie später schwimmen lassen dürfen. Unterstützen Sie möglichst jedes Kind bei der Umsetzung seiner eigenen Ideen.

Tetrapak-Dampfer

- Spülen Sie ein Tetrapak zunächst gründlich aus. Dann wird eine Seitenfläche des Tetrapaks vorsichtig mit der Schere zuerst auf- und dann abgeschnitten.
- Jedes Kind kann sein Tetrapak nun beliebig mit Häuschen (z. B. Cremeschachteln) und Schlot (z. B. Papprolle oder Plastikflaschenhals) bestücken. Vielleicht möchte jemand aus Zahnstochern eine Reling oder aus mehreren Schaschlikspießen einen Lastenkran bauen.
- Ist der Dampfer fertig, kann er mit Acrylfarbe bemalt und zum Schluss mit einer dicken Schicht Klarlack besprüht werden.

Floß mit Segel

- Einige Stöcke werden mit der Gartenschere auf die gewünschte Länge und zwei weitere Stöcke auf die gewünschte Breite des Floßes gekürzt.
- Die Stöcke werden nun der Reihe nach mit der Paketschnur im festen Doppelknoten aneinandergeknotet, bis die gewünschte Breite erreicht ist.
- Jetzt werden die beiden auf die Breite gekürzten Stöcke seitlich quer zu den schon verknoteten Stöcken festgebunden. Damit alles auch wirklich hält, kann die Verbindung mit Heißkleber gesichert werden.
- Stecken Sie einen kleinen Ast als Mast in die Mitte des Floßes und befestigen Sie ihn mit Heißkleber.
- Für das Segel werden auf zwei gegenüberliegende Seiten eines rechteckigen Stoffes dünne Äste geklebt. Knoten Sie an beide Enden eines Astes eine Schnur und befestigen Sie diese mittig oben am Mast.

Tipp:

Wollen Sie die Schiffe auf einem freien Gewässer schwimmen lassen, vergessen Sie nicht, an jedem Schiff eine lange Schnur zu befestigen.

Art der Aktivität:
Kreatives Gestalten

Bildungsbereiche:
Kreativität und Musik, Naturwissenschaft und Technik

Kompetenzbereiche:
selbstständig Wissen erwerben und sortieren, Sachwissen erweitern, Feinmotorik verfeinern, Kreativität entfalten

Kinder:
6–8

Schwierigkeitsgrad:
★ ★ ★ ☆ ☆ ☆

Aktivität:
mehrmals 20 Min.

Material für „Tetrapak-Dampfer“:
Tetrapaks, Spülmittelflaschen, Stöcke, (Well-)Pappe, Pappschachteln, Papprollen, Korken, Joghurtbecher, Holzreste, Zahnstocher, Schaschlikspieße, Stoffreste, Schere, Schneidemesser mit Unterlage, Bastelkleber, Klebeband, Heißkleber, Acrylfarbe, Pinsel, Sprühdose mit Klarlack

Material für „Floß mit Segel“:
viele Stöcke, Paketschnur, ggf. Bänder Heißkleber, kleiner Ast, Säge, Astschere, Gartenschere, Stoffreste, Schere

Wasser

Art der Aktivität:
Meditatives Gestalten

Bildungsbereiche:
Kunst und Kultur,
Kreativität und Musik

Kompetenzbereiche:
Konzentrationsfähigkeit weiterentwickeln, Feinmotorik verfeinern, Kreativität entfalten

Kinder:
1 – 4

Schwierigkeitsgrad:
★ ☆ ☆ ☆ ☆ ☆

Aktivität:
10 – 15 Min.

Material:
Schachtel, verschiedene schwimmende Natur- und sonstige Materialien (z. B. Blütenköpfe, große Blütenblätter, Blätter, Gräser, Stöckchen, Korken), Fotoapparat

Material pro Kind:
große Schüssel mit Wasser

Schwimmende Kunst

In einigen Tempelanlagen Asiens kann man große Schalen mit Mustern und Ornamenten aus in Wasser schwimmenden Blüten bewundern. Das Gestalten schwimmender Bilder ist eine sehr ruhige und meditative Tätigkeit und macht auch kleineren Kindern Spaß.

So geht's:

- Die Kinder haben bereits erfahren, dass einige Materialien auf der Wasseroberfläche schwimmen. Bieten Sie ihnen an, schwimmende Bilder zu gestalten.
- Für jedes Kind sollte eine Schüssel mit Wasser bereitstehen. Die schwimmenden Materialien liegen in einer Schachtel daneben.
- Behutsam legen die Kinder ein Stück nach dem anderen auf die Wasseroberfläche und gestalten Muster oder Bilder.
- Das schwimmende Bild wird im Anschluss betrachtet, wertgeschätzt und fotografiert.

Tipps:

- Sie können die schwimmenden Naturmaterialien vorher gemeinsam mit den Kindern sammeln.
- Während des Gestaltens sollte eine ruhige Atmosphäre gegeben sein. Entspannende Musik kann zur Untermalung beitragen.

Einfrieren

Süßwasser gefriert ganz einfach im Eisfach eines Kühlschranks. Salzwasser braucht jedoch noch niedrigere Temperaturen, um zu gefrieren. Bei diesem einfachen Versuch können die Kinder ihr bisheriges Wissen vertiefen und erweitern.

Vorbereitung:

Stellen Sie eine gesättigte Kochsalzlösung her. Verwenden Sie dafür idealerweise große Kristallsalzbrocken, weil dann die Sättigung leichter feststellbar ist. Geben Sie einige Brocken Salz in eine Schüssel und gießen Sie Leitungswasser darüber. Verschließen Sie die Schüssel und lassen Sie die Lösung über Nacht ziehen. Haben sich die Salzbrocken komplett aufgelöst, so müssen Sie weiteres Salz dazugeben und nochmals eine Nacht warten. Erst wenn noch ein Stückchen Salz übrig bleibt, haben Sie eine gesättigte Kochsalzlösung.

So geht's:

- Versammeln Sie die Kinder um einen Tisch, auf dem eine Schüssel mit Leitungswasser (Süßwasser) und eine Schüssel mit Salzwasser (gesättigte Kochsalzlösung) stehen.
- Lassen Sie die Kinder nur durch genaues Betrachten den Unterschied zwischen dem Wasser in den beiden Schüsseln herausfinden.
- Besprechen Sie mit den Kindern, dass Sie nun Wasser aus beiden Schüsseln einfrieren wollen. Was passiert mit dem Wasser? Wie lange dauert es, bis Wasser gefriert? Wie kalt ist es im Eisfach? Werden beide Wassersorten gleich schnell gefrieren?
- Die Kinder dürfen nun das Wasser in zwei entsprechend markierte (Süßwasser / Salzwasser) Eiswürfelbehälter einfüllen.
- Erstellen Sie mit den Kindern die Dokumentation des Versuchs. Sie können ein DIN-A4-Blatt in drei Spalten gliedern, die mit „Uhrzeit", „Süßwasser" und „Salzwasser" überschrieben werden. Vereinbaren Sie je ein Zeichen für „gefroren" (z. B. Viereck) und für „flüssig" (z. B. Welle).
- Vorsichtig stellen die Kinder jetzt die Eiswürfelbehälter in die gleiche Schublade eines Eisfachs (max. −18 °C). Notieren Sie mit den Kindern Uhrzeit und Aggregatzustand. Das Experiment beginnt.
- In regelmäßigen Abständen von ca. zehn Minuten kontrollieren die Kinder, ob das Wasser schon fest geworden ist.
- Ist das Süßwasser gefroren, besprechen Sie mit den Kindern diese Beobachtung. Warum ist das Süßwasser gefroren, das Salzwasser aber nicht? (Süßwasser gefriert schon bei 0 °C, die gesättigte Kochsalzlösung hat ihren Gefrierpunkt bei −21 °C.)

Tipp:

Begleiten Sie das Schmelzen der Süßwassereiswürfel als weiteren Versuch.

Art der Aktivität:
Experiment

Bildungsbereiche:
Naturwissenschaft und Technik, Forschen und entdecken

Kompetenzbereiche:
Sachwissen und Wortschatz erweitern, naturwissenschaftliche Phänomene erleben, physikalische Zusammenhänge erkennen

Kinder:
3 – 5

Schwierigkeitsgrad:
★ ★ ★ ★ ☆ ☆

Aktivität:
mehrmals 5 – 10 Min.

Material:
Leitungswasser, Kristallsalzbrocken, Glas oder Schüssel mit Deckel, zwei Schüsseln, zwei Eiswürfelbehälter, zwei Schöpfkellen, Gefrierschrank (max. −18 °C), wasserfester Stift, Uhr

Material pro Kind:
DIN-A4-Blatt, Stift

Achtung!
Die Kinder dürfen die gesättigte Kochsalzlösung nicht probieren oder trinken!

Wasser

Art der Aktivität:
Experiment / kreatives Gestalten

Bildungsbereiche:
Kreativität und Musik, Forschen und entdecken

Kompetenzbereiche:
Feinmotorik weiterentwickeln, Sachwissen erweitern, Zusammenhänge erkennen

Kinder:
8 – 10

Schwierigkeitsgrad:
★ ★ ☆ ☆ ☆ ☆

Aktivität:
zweimal 20 – 30 Min.

Material:
Glasvasen mit Wasser, Nägel, Schrauben, Reißnägel, Stecknadeln, Draht, Korken, Knetwachs, Holzperlen, Holzstückchen, Klebstoff, ggf. Hammer, Schraubenzieher, Zange mit Seitenschneider

Material pro Kind:
leere Fischkonservendose oder Joghurtbecher

Taucher im Eisboot

Material, das eigentlich im Wasser untergeht, kann für kurze Zeit an der Wasseroberfläche schwimmen, wenn es in Eis eingeschlossen ist, denn Eis ist leichter als Wasser. Wenn das Eis schmilzt, wird es weniger und das Material sinkt langsam zu Boden.

So geht's:

- Die Kinder haben bereits erfahren, welche Materialien an der Wasseroberfläche schwimmen und welche im Wasser untergehen. Sie haben mit unterschiedlichen Materialien experimentiert.
- Versammeln Sie die Kinder um einen Arbeitstisch. In der Mitte stehen eine mit Wasser gefüllte große Vase und die angegebenen Materialien. Wer kann sich noch erinnern, was schwimmt? Was geht unter? In der Vase kann das noch einmal überprüft werden.
- Verraten Sie den Kindern nun den Trick, wie auch schwere Materialien für kurze Zeit im Wasser schwimmen können. Bieten Sie den Kindern an, kleine Eistaucher zu bauen.
- Jetzt dürfen die Kinder aus dem vorhandenen Material kleine Männchen bauen, z. B. Korkenstücke als Körper, zwei kleine Schrauben als Beine und zwei kleine Nägel als Arme, für den Kopf einen Reißnagel. Der Fantasie ist keine Grenze gesetzt.
- Nun kommt die Probe. Ist das Männchen schwer genug, um zu Tauchen? Geht das Männchen unter? In der Vase macht jedes Männchen einen Probetauchgang.
- Jeder Taucher wird in eine Dose oder einen Joghurtbecher gesetzt, mit Wasser bedeckt und in die Gefriertruhe gestellt. Das Eisboot entsteht.
- Sind alle Taucher eingefroren, werden sie aus ihren Behältern gelöst und in eine oder mehrere große, mit Wasser gefüllte Vasen gesetzt. Gemeinsam mit den Kindern beobachten Sie, was nun passiert.
- Besprechen Sie mit den Kindern ihre Beobachtungen. Eis schwimmt an der Wasseroberfläche und ist somit leichter als Wasser.

Tipps:

- Je schwerer der Taucher, umso größer muss das Eisboot sein.
- Für das Portfolio kann jedes Kind sein Erlebnis aufmalen. Eventuell können Fotos des Experiments dazugeklebt werden.

Verwöhnte Füße

Kinder sind immer in Bewegung, sie toben gerne herum. Wasser kann nicht nur erfrischen, sondern auch Entspannung verschaffen.

Vorbereitung:

Bereiten Sie den Entspannungsraum vor. Für je zwei Kinder benötigen sie einen Stuhl, vor dem eine Wanne mit warmem Wasser steht und ein Handtuch bereitliegt. Sorgen Sie für eine entspannte Atmosphäre.

So geht's:

- Versammeln Sie die Kinder im Entspannungsraum. Bereiten Sie die Kinder auf das Angebot vor: Sie dürfen sich gegenseitig etwas Gutes tun und die Füße verwöhnen.
- Bitten Sie die Kinder, sich zu zweit zusammenzufinden. Die Kinder machen untereinander aus, wer als Erstes die Füße verwöhnt bekommt. Nach ca. fünf bis sieben Minuten ist das zweite Kind an der Reihe.
- Das Kind setzt sich auf den Stuhl, krempelt seine Hose bis zu den Knien hoch, zieht seine Socken aus und streckt die Füße ins warme Wasser.
- Das andere Kind kniet sich vor die Wanne und beginnt die Füße des anderen zu verwöhnen. Geben Sie dafür Anregungen, z. B. die Waden von allen Seiten mit Wasser begießen, mit dem Waschlappen die Füße streicheln, mit der weichen Seite des Schwamms die Waden massieren.
- Leiten Sie das aktive Kind an, bei seinem Partner leise nachzufragen: „Ist das angenehm? Ist das gut so? Wo möchtest du, dass ich dich als Nächstes streichle?"
- Zum Abschluss werden die Füße abgetrocknet.
- Jetzt ist das andere Kind an der Reihe.

Tipp:

Wenn keine Allergien bestehen bzw. Sie mit den Eltern Rücksprache gehalten haben, können Sie auch duftende Badezusätze ins Wasser geben.

Art der Aktivität:
Massage

Bildungsbereiche:
Körper, Bewegung und Gesundheit, Miteinander leben, soziale Beziehungen und Emotionalität

Kompetenzbereiche:
Körperwahrnehmung entwickeln, Bedürfnissen äußern, soziale Kompetenz entwickeln

Kinder:
10

Schwierigkeitsgrad:
★ ☆ ☆ ☆ ☆ ☆

Aktivität:
15 – 20 Min.

Material pro Paar:
Stuhl, Wanne mit warmem Wasser, Becher oder Schöpfkellen, Schwamm, Waschlappen, Handtuch

Achtung!
Jedes Kind wird nur dann massiert, wenn es das auch wirklich möchte. Die Massage dauert nur so lange, wie sich das Kind wohlfühlt.

Wasser

Art der Aktivität:
Beobachtung / Experiment

Bildungsbereiche:
Forschen und entdecken, Natur und Umwelt, Naturwissenschaft und Technik

Kompetenzbereiche:
Sachwissen und Wortschatz erweitern, Beobachtungsfähigkeit entwickeln, physikalische Zusammenhänge erkennen

Kinder:
3 – 8

Schwierigkeitsgrad:
★ ★ ☆ ☆ ☆ ☆

Aktivität:
15 Min. + Zeit zum Beobachten

Material:
wasserfester Folienstift, Frischhaltefolie, durchsichtiges Klebeband, Lineal, Wasser

Material pro Kind:
Glas, Haushaltsgummi

Regen im Glas

Wasser kommt als Regen auf die Erde und sickert in den Boden. Das Wasser wird teils von Pflanzen aufgesaugt und teils sammelt es sich als Grundwasser unter der Erde. Das Wasser kommt als Quelle wieder an die Erdoberfläche, wird zum Bach, zum Fluss und mündet schließlich in einen See oder in das Meer. Wenn die Sonne auf das Wasser scheint, verdunstet es an der Oberfläche und steigt unsichtbar nach oben in die Luft. Es entsteht eine Wolke. Dann fällt der Regen wieder zu Boden und der Kreislauf beginnt von Neuem. Bei diesem einfachen Experiment können die Kinder fast dabei zusehen, wie der Regen entsteht.

So geht's:

- Versammeln Sie die Kinder um den Arbeitstisch und regen Sie ein Gespräch über das Thema Wasserkreislauf an. Bieten Sie den Kindern an, den Wasserkreislauf vereinfacht nachzubauen und Regen in einem Glas entstehen zu lassen.
- Auf das Glas wird zwei Zentimeter über dem Boden eine Markierung mit dem Folienstift gezeichnet, bis zu der das Glas mit Wasser gefüllt wird.
- Anschließend wird die Öffnung des Glases straff mit Frischhaltefolie überspannt und mit einem Haushaltsgummi befestigt. Zur Sicherheit kann auch noch durchsichtiges Klebeband um den Rand geklebt werden.
- Das Glas wird jetzt auf ein Fensterbrett in die Sonne gestellt.
- Nach einiger Zeit können die Kinder die Regentropfen sehen, die sich an der Frischhaltefolie gebildet haben. Diese fallen wieder nach unten in das Wasser, der Kreislauf funktioniert.
- Machen Sie die Kinder darauf aufmerksam, dass der Wasserspiegel unter die Markierung sinkt, wenn das Wasser verdunstet und sich an der Frischhaltefolie sammelt.

Tipp:

Dokumentieren Sie den Wasserkreislauf im Glas mit Fotos. So können die Kinder eine Seite für das Portfolio gestalten.

Wassertropfenlupen

Jedes Kind kennt Wassertropfen: Sie entstehen beim Planschen, wenn es regnet oder wenn der Wasserhahn tropft. Hier können die Kinder erleben, dass Wassertropfen eine vergrößernde Wirkung haben und man mit ihnen sogar Lupen herstellen kann.

Handlupe

- Die Kinder umfahren die Handlupe mit einem Bleistift auf dem festen Karton und schneiden den Umriss aus. Dabei darf im Karton kein Knick entstehen, sonst verliert die Lupe ihre Stabilität.
- Jetzt legen die Kinder eine Zweieuromünze in die Mitte des Kreises der ausgeschnittenen Lupe, umfahren sie mit dem Bleistift und schneiden die Linie vorsichtig mit der Nagelschere aus. Unterstützen Sie die Kinder beim Ausschneiden, indem Sie zunächst ein Loch in die Mitte des Kreises stechen. Von dort aus beginnen die Kinder zu schneiden.
- Die gleiche Form wird noch mal aus dem dünneren Tonpapier ausgeschnitten, anschließend laminiert und mit dem Klebeband auf die Lupenform aus festem Karton geklebt.
- Nun sucht sich jedes Kind etwas aus, das es vergrößert sehen möchte, z. B. einen Buchstaben in einem Buch.
- Auf das runde Sichtfenster der Lupe wird nun mit der Pipette ein Tropfen Wasser geträufelt. Die Handlupe wird über den gewünschten Gegenstand gehalten. Durch seine Wölbung wirkt der Tropfen vergrößernd.

Becherlupe

- In den Joghurtbecher wird mit dem Teppichmesser seitlich eine Öffnung geschnitten. Durch dieses Loch werden später die Gegenstände in den Becher gelegt, die angesehen werden sollen.
- Über die obere Öffnung des Joghurtbechers wird ein Stück Frischhaltefolie gelegt und am Rand mit dem Haushaltsgummi befestigt. Die Folie darf nicht zu fest gespannt sein. Mit dem Klebeband werden die Ränder der Folie zusätzlich seitlich am Becher fixiert.
- Nun legt jedes Kind einen Gegenstand in seinen Joghurtbecher, den es vergrößert betrachten möchte.
- Mit der Pipette werden so viele Wassertropfen auf die Folie geträufelt, bis sich eine kleine Mulde voll Wasser bildet, die bis zum Becherrand reicht. Beim Blick durch das Wasser erkennt man den darunterliegenden Gegenstand vergrößert.

Art der Aktivität:
Experiment / Gestalten

Bildungsbereiche:
Naturwissenschaft und Technik, Forschen und entdecken

Kompetenzbereiche:
Sachwissen und Wortschatz erweitern, Feinmotorik weiterentwickeln

Kinder:
3 – 5

Schwierigkeitsgrad:
★ ★ ★ ★ ☆ ☆

Aktivität:
15 – 20 Min.

Material für „Handlupe“:
Handlupe, Bleistift, Schere, Zweieuromünze, stumpfe Nagelschere, Laminiergerät, Laminierfolie, doppelseitiges Klebeband, Pipette, Wasser

Material pro Kind:
fester Karton, Tonpapier

Material für „Becherlupe“:
Frischhaltefolie, Klebeband, Teppichmesser, Pipette, Wasser

Material pro Kind:
Joghurtbecher, Haushaltsgummi, kleiner Gegenstand (z. B. Spielzeugauto, Kastanie, Büroklammer)

Name:

Regen, Regen, tropf!

Lass dir die Schwungübung zuerst von einem Erwachsenen zeigen.
Nimm einen dicken Stift, spure die Linien nach und sag dabei den Spruch auf.
Wer steht unter dem Regenschirm? Male.

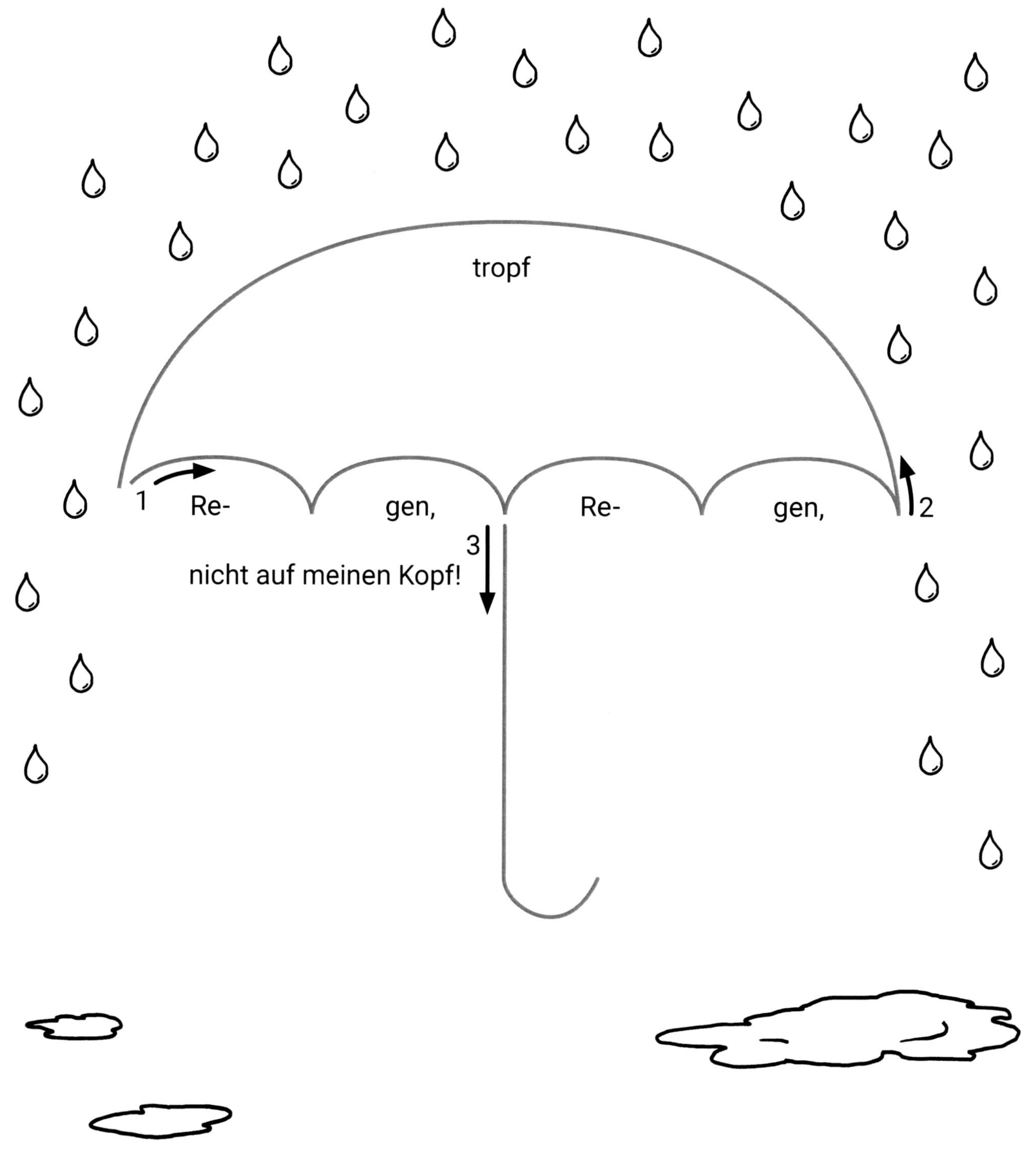

Faltanleitung: Regentropfen

1. Falte ein quadratisches Blatt Papier an einer Diagonalen zum Dreieck und falte dieses dann nochmals in der Mitte. Klappe alles wieder auf.

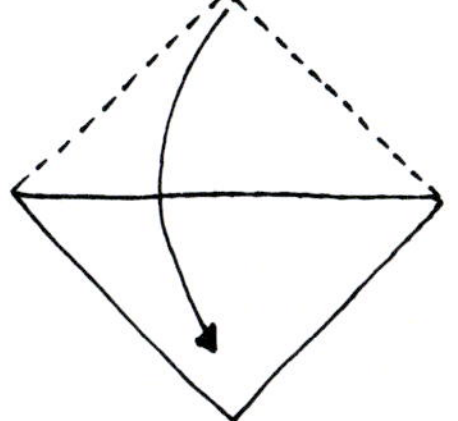
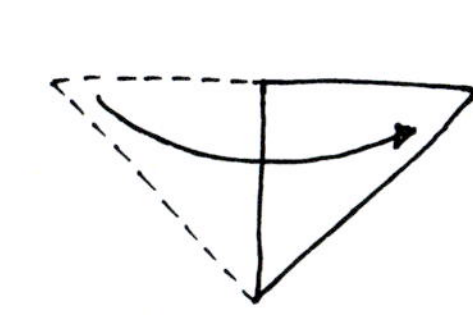

2. Falte nun alle vier Ecken zur Mitte. Klappe die beiden unteren Ecken wieder auf.

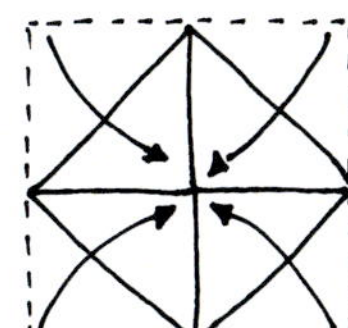
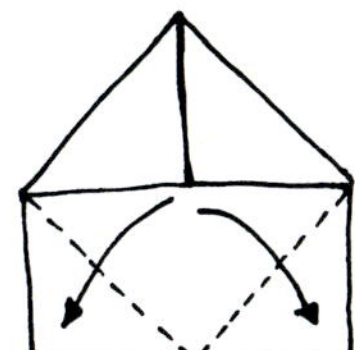

3. Achte darauf, dass die gefaltete Spitze nach oben zeigt. Falte nun das äußere untere Ende der links gefalteten Ecke waagrecht zur Mittellinie.

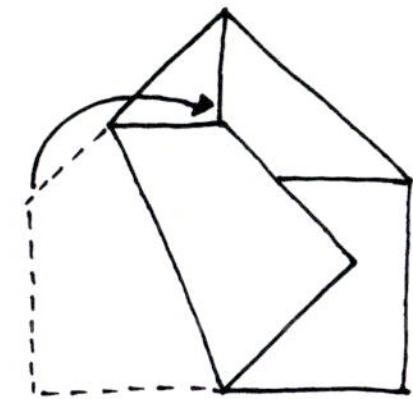

4. Klappe die linke untere Ecke, die jetzt quer in der Mitte liegt, an der Mittellinie wieder zurück nach außen. Der Falz soll sich genau an der Mittellinie befinden.

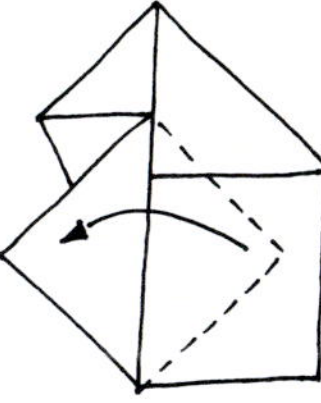

5. Wiederhole Schritt 3 und 4 auf der rechten Seite. Dann hast du diese Form vor dir liegen.

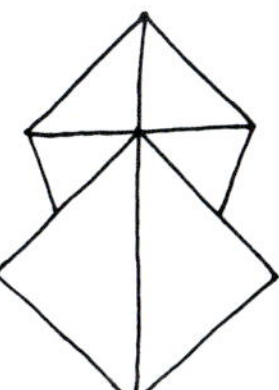

6. Falte auf beiden Seiten die überstehenden Ecken zur Mittellinie. Vor dir liegt jetzt eine Drachenform.

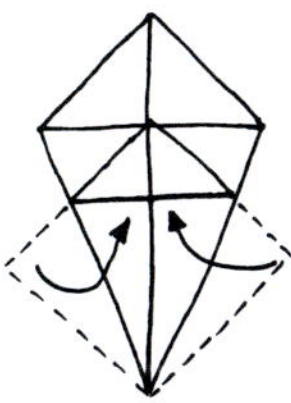

7. Falte die Ecken an beiden Seiten wieder nach außen, sodass sie ein kleines Stück über die Drachenform überstehen.

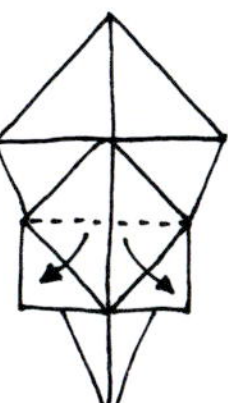

8. Falte die Ecken der beiden Seitenteile nun wieder zur Mittellinie.

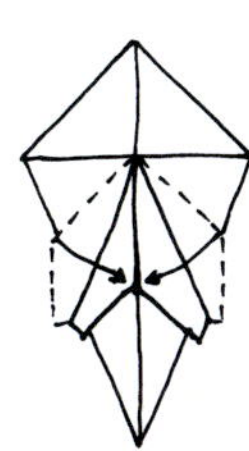

9. Klappe nun die obere Spitze der Drachenform an der bereits vorhandenen Faltlinie nach unten.

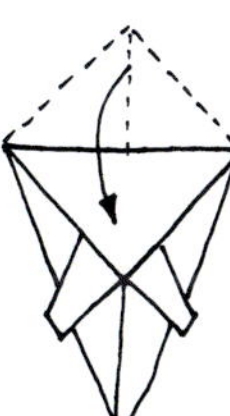

10. Falte die beiden oberen Ecken wie abgebildet nach unten.

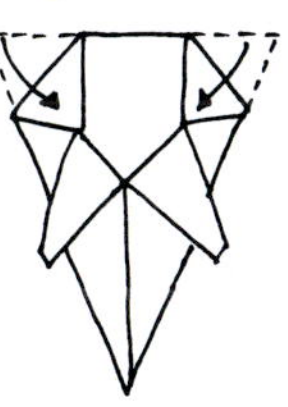

11. Drehe die Figur um, sodass die Spitze nach oben zeigt. Male dem Regentropfen noch ein Gesicht auf. Fertig!

Wasser

Fischkanon

Text: Barbara Neudecker
Melodie: Karl Karow

Tipps:

- Sprechen Sie mit den Kindern kurz an, was ein Kanon ist. Üben Sie dann das Lied mit der Gruppe ein. Wenn die Kinder sicher in Text und Melodie sind, teilen Sie sie in drei Gruppen und singen Sie das Lied als Kanon.
- Das „Blubb" kann mit Klangstäben oder Stabspielen begleitet werden.

Aquariumssuppe

Wasser ist zum Kochen vieler Speisen nötig und bei Suppen sogar ein wichtiger Bestandteil. Diese Gemüsesuppe ist gesund und noch dazu lustig zubereitet.

So geht's:

- Die Kinder waschen sich gründlich die Hände und setzen oder stellen sich an den Arbeitstisch.
- Zuerst wird das ganze Gemüse gewaschen, geputzt oder geschält.
- Die Kartoffeln werden in ca. ein Zentimeter dicke Scheiben geschnitten. Die Kartoffelscheiben werden seitlich abgeschrägt und die entstandene Spitze abgeschnitten. An der Rundung werden viele kleine Dreiecke eingeschnitten. Fertig sind die Kartoffelmuscheln.

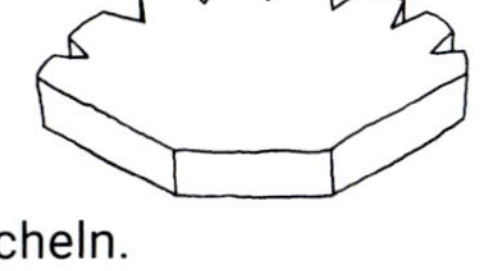

- Ebenso wird der Kohlrabi in ca. ein Zentimeter dicke Scheiben geschnitten. Aus den Gemüsescheiben werden dann gegenüberliegend zwei Dreiecke eingeschnitten. Als Mund wird ein kleiner Spalt ausgeschnitten. Der Kohlrabifisch ist fertig.

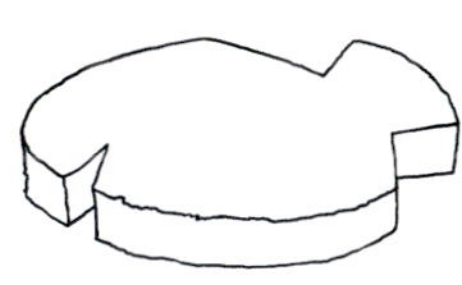

- Auch aus den ganzen Karotten werden an einem Ende vorsichtig zwei Keile ausgeschnitten. Das Mittelstück darf jedoch nicht zu dünn werden, da sonst der Schwanz abbricht. Goldfische sind entstanden.
- Der Lauch wird in vier Zentimeter lange Stücke geschnitten. An einem Ende werden in Daumenbreite viele kleine Streifen eingeschnitten. Der Tintenfisch ist fertig.

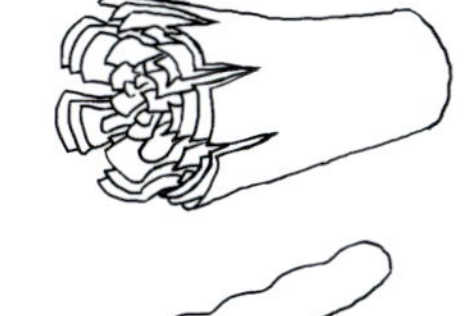

- Bei den grünen Bohnen werden nur die Enden abgeschnitten und schon ist der Bohnenaal fertig.
- Blumenkohlröschen und Petersilie ergeben die Unterwasserpflanzen. Auch die abgeschnittenen Teile des restlichen Gemüses können als umherschwimmende Pflanzenreste in die Suppe gegeben werden.
- Das Wasser mit dem Gemüsebrühwürfel und dem Gemüse etwa 20 Minuten kochen. Abschmecken und ggf. nachwürzen. Fertig ist die lustige Suppe mit den „falschen Fischen".

Tipp:

Vielleicht haben die Kinder weitere Ideen, aus welchem Gemüse man Wasserbewohner zuschneiden könnte.

Art der Aktivität:
Rezept

Bildungsbereich:
Körper, Bewegung und Gesundheit

Kompetenzbereiche:
Feinmotorik weiterentwickeln, Kreativität entfalten, Gemüsesorten kennenlernen

Kinder:
4 – 5

Schwierigkeitsgrad:
★ ★ ★ ☆ ☆ ☆

Aktivität:
ca. 30 Min. + 20 Min. Kochzeit

Material:
großer Topf, breiter Kartoffelschäler, Schüssel

Material pro Kind:
Schneidemesser, Schneidebrett

Zutaten:
Wasser, Gemüsebrühwürfel, Kartoffeln, Kohlrabi, kleine Karotten, Lauch, grüne Bohnen, Blumenkohlröschen, Petersilie

Infoseite: Luft

- Luft ist ein Gemisch verschiedener Gase: Zu 78 % besteht Luft aus Stickstoff, nur 21 % macht Sauerstoff aus und 0,03 % bestehen aus Kohlendioxid. Die Lufthülle, die unsere Erde umgibt, heißt Atmosphäre. Diese Hülle ist etwa 700 Kilometer hoch, schwächt die gefährlichen Strahlen der Sonne ab und schützt die Erde vor der Kälte des Weltalls. Je höher man kommt, desto dünner wird die Luft, da der Sauerstoffanteil abnimmt.
- Ein Liter Luft wiegt 1,3 Gramm. Die Atmosphäre übt einen Druck von etwa 5500 Kilogramm auf den menschlichen Körper aus. Da der menschliche Körper einen gleich großen Gegendruck aufbaut, spüren wir das Gewicht der Luft nicht.
- Fast alle Landlebewesen brauchen Luft zum Überleben. Pflanzen nutzen das in der Luft enthaltene Kohlendioxid zur Photosynthese, einem komplizierten Prozess, bei dem sie Sauerstoff produzieren, den wiederum der Mensch zum Atmen braucht. Ist der Kohlendioxidgehalt der Luft zu hoch, z. B. in schlecht gelüfteten Räumen, werden wir müde.
- Luft ist immer in Bewegung: Warme Luft steigt auf, kalte Luft sinkt ab. Durch diesen Kreislauf, der dadurch aufrechterhalten wird, dass die Sonne die Erde unterschiedlich stark erwärmt, entsteht Wind. Die Sonne erwärmt die Luft über dem Land schneller als über dem Meer. Die warme Luft steigt auf und die kühlere Luft vom Meer strömt nach. Nachts kehrt sich dieser Kreislauf um, weshalb abends der Wind immer Richtung Meer weht.
- Luft hat verschiedene Eigenschaften und spielt dadurch eine grundlegende Rolle in vielen Bereichen unseres Lebens. Sie transportiert Gerüche und den Schall, also Geräusche, Töne und Klänge, und sie nimmt Raum ein. Luft trägt, bremst und treibt an.
- Besonders anschaulich werden die Eigenschaften der Luft, wenn man einen luftgefüllten Raum mit einem Vakuum vergleicht. In einem luftleeren Raum fällt ein Stein genauso schnell zu Boden wie eine Feder, da hier kein Gegenstand durch Luft gebremst wird. Im Vakuum ist es still, da keine Schallwellen übertragen werden können.
- Da man Luft nicht sehen, hören, schmecken oder greifen kann, wird sie besonders von Kindern nur selten bewusst wahrgenommen. Jedoch können wir sie mit allen Sinnen erleben: Man kann sie in den Blättern rauschen hören, mit dem Atem Luftballons aufpusten, man kann die Schirmchen der Pusteblume davonfliegen und Vögel durch die Luft gleiten sehen. Man kann die Luft als Wind in den Haaren und auf der Haut spüren, Düfte riechen und Luftblasen aufsteigen sehen.

Einführung: Thema Luft

Wir brauchen die Luft zum Atmen, denn ohne sie können wir nicht leben. Luft ist nicht sichtbar, man kann sie weder schmecken noch riechen oder anfassen. Aber trotzdem ist Luft überall.

So geht's:

- Versammeln Sie die Kinder im Sitzkreis. Die Kreismitte ist leer.
- Sind die Kinder zur Ruhe gekommen, fragen Sie scherzhaft, was in der Kreismitte zu sehen ist. Geben Sie den Kindern ausreichend Zeit, sich über die Frage Gedanken zu machen und ihre Vermutungen zu äußern.
- Zeigen Sie den Kindern, dass sich etwas in der Kreismitte befindet, indem Sie Luft in einer durchsichtigen Mülltüte einfangen. Verschließen Sie sie mit einem Knoten: So ist die Tüte prall gefüllt mit Luft.
- Regen Sie ein kurzes Gespräch über Luft an:
  - Wo ist die Luft?
  - Kann man Luft sehen?
  - Was wäre, wenn Luft farbig wäre?
  - Kann man Luft spüren?
  - Kann man Luft hören?
  - Wozu braucht man Luft?
  - Hat Luft ein Gewicht?
  - Braucht Luft Platz?
- Am Ende des Gesprächs bekommt jedes Kind eine Mülltüte. Die Kinder schwärmen im Kindergarten aus, um sich ihre eigene Portion Luft einzufangen.
- Geben Sie Hilfestellung beim Verknoten der Mülltüten und beschriften Sie diese mit dem Namen des Kindes und dem Ort im Kindergarten, an dem die Luft eingefangen wurde.
- Alle mit Luft gefüllten Tüten werden anschließend nebeneinander an eine Schnur gebunden und im Gruppenraum aufgehängt.
- Die Veränderungen der Tüten können im Laufe der folgenden Zeit beobachtet und besprochen werden.

Art der Aktivität:
Gespräch / Freispiel

Bildungsbereiche:
Miteinander leben,
Natur und Umwelt

Kompetenzbereiche:
sprachliche Ausdrucksfähigkeit weiterentwickeln, physikalische Eigenschaften entdecken

Kinder:
ganze Gruppe

Schwierigkeitsgrad:
★ ☆ ☆ ☆ ☆ ☆

Aktivität:
30 Min.

Material:
Folienstift, Schnur

Material pro Kind:
durchsichtige Mülltüten (max. 20 l)

Achtung!
Plastiktüten stellen eine besondere Gefahrenquelle dar. Weisen Sie die Kinder ausdrücklich darauf hin, sich die Tüten nicht über den Kopf zu ziehen, da Erstickungsgefahr besteht!

Name:

Luft

Lass dir das Gedicht von einem Erwachsenen vorlesen.
Male dazu ein Bild.

Die Wolken wohnen dort und Möwen
fliegen, steigen mit ihr auf,
weit hoch in schwindelhohe Höhen,
der Wind lässt ihr meist freien Lauf.

Und jagt sie noch so, heult und saust
dir in den Ohren, lass dir sagen:
flimmert sie ganz ruhig und sanft
an heißen, aber stiller'n Tagen.

Judith Ludwig

Luft wiegen

Bei der Einführung des Themas haben die Kinder bereits Luft in Mülltüten gefüllt. Diese eignen sich hervorragend, um herauszufinden, ob Luft etwas wiegt.

So geht's:

- Versammeln Sie die Kinder im Kreis. Kommen Sie auf die Frage, ob Luft ein Gewicht hat, aus der Einführung zurück. Sammeln Sie mit den Kindern Ideen, wie man das herausfinden kann.
- Schlagen Sie den Kindern nun vor, dafür eine einfache Balkenwaage herzustellen. Hierzu wird an den Haken des Kleiderbügels eine Schnur geknotet, an der der Bügel gerade aufgehängt wird.
- Dann wird an beide Enden des Kleiderbügels jeweils eine leere Mülltüte gebunden. Sind die Mülltüten richtig angebracht, hängt der Kleiderbügel im Lot. Kontrollieren Sie das gemeinsam mit den Kindern.
- Nun wird eine leere Mülltüte wieder vom Kleiderbügel entfernt und durch eine mit Luft gefüllte Mülltüte ersetzt.
- Nun hängt der Kleiderbügel nicht mehr im Lot: Die mit Luft gefüllte Mülltüte ist schwerer und hängt damit tiefer als die leere.
- Besprechen Sie mit den Kindern ihre Beobachtungen: Luft hat Gewicht, sie wiegt etwas.

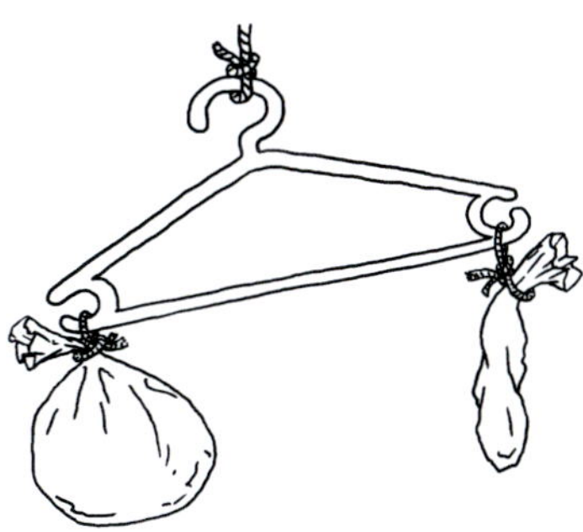

Tipps:

- Kopieren Sie einen Kleiderbügel zweimal verkleinert auf DIN-A5-Größe, einmal gerade und einmal schräg. Ordnen Sie nun die beiden Kopien nebeneinander auf einem DIN-A4-Blatt an und stellen Sie jedem Kind eine Kopie dieses Blatts zur Verfügung. Die Kinder ergänzen an den beiden Kleiderbügeln die entsprechenden Mülltüten. Dieses Blatt wird dann im Portfolio abgeheftet.
- Das Experiment lässt sich auch gut mit zwei Luftballons durchführen.

Art der Aktivität:
Experiment

Bildungsbereiche:
Forschen und entdecken, Naturwissenschaft und Technik

Kompetenzbereiche:
Sachwissen erweitern, sprachliche Ausdrucksfähigkeit weiterentwickeln, Neugierde wecken

Kinder:
ganze Gruppe

Schwierigkeitsgrad:
★ ★ ☆ ☆ ☆ ☆

Aktivität:
15 Min.

Material:
Kleiderbügel, durchsichtige Mülltüten (max. 20 l), Schnur

Achtung!
Plastiktüten stellen eine besondere Gefahrenquelle dar. Weisen Sie die Kinder ausdrücklich darauf hin, sich die Tüten nicht über den Kopf zu ziehen, da Erstickungsgefahr besteht!

Luft

Art der Aktivität:
Experiment

Bildungsbereiche:
Forschen und entdecken, Naturwissenschaft und Technik

Kompetenzbereiche:
Sachwissen erweitern, Experimentierfreude wecken, physikalische Eigenschaften entdecken

Kinder:
5 – 10

Schwierigkeitsgrad:
★ ★ ☆ ☆ ☆ ☆

Aktivität:
15 Min.

Material:
tiefer Kochtopf, 0,5-Liter-Glasflasche, Klebeband, Luftballon, Wasserkocher, Wasser

Material pro Kind:
Luftballon

Achtung!
Kochendes Wasser kann schwere Verbrennungen verursachen. Achten Sie deshalb auf ausreichend Sicherheitsabstand.

Luftballon aufpusten

Warme Luft hat besondere Eigenschaften: Sie braucht mehr Platz als kalte, da sich die Teilchen in der Luft beim Erwärmen bewegen und sich die Luft dadurch ausdehnt. Sie steigt nach oben, hat eine geringere Dichte und wiegt weniger als kalte Luft.

So geht's:

- Versammeln Sie die Kinder um einen Tisch. Jedes Kind darf einen Luftballon aufpusten. Das ist ziemlich anstrengend.
- Erzählen Sie den Kindern, dass es eine Möglichkeit gibt, den Luftballon mit Luft zu füllen, die nicht so anstrengend ist. Führen Sie den Kindern das Experiment vor.
- Bringen Sie zuerst Wasser im Wasserkocher zum Kochen.
- Stülpen Sie einen Luftballon über den Flaschenhals einer leeren Flasche und kleben Sie ihn vorsichtshalber mit Klebeband fest.
- Nun wird die Flasche mit dem Luftballon in den Kochtopf gestellt und das kochende Wasser bis zum Flaschenhals in den Topf gegossen.
- Die Kinder können beobachten, wie sich der Luftballon mit Luft füllt.
- Besprechen Sie mit den Kindern ihre Beobachtungen und erklären Sie ihnen das Phänomen: Das heiße Wasser erwärmt die Luft in der Flasche. Dadurch dehnt sich die Luft aus und steigt nach oben. Da die Luft nicht entweichen kann, steigt sie in den Luftballon, der sich scheinbar von selbst mit Luft füllt.

Tipp:

Für das Portfolio fotografieren Sie die einzelnen Schritte des Experiments. Kleben Sie die Fotos auf ein Blatt und beschriften Sie die Bilder mit der Beschreibung der Kinder.

Variante:

Mit dem Feuerlöschschaum von Seite 15 kann auch ein Luftballon aufgeblasen werden. Bereiten Sie dazu den Feuerlöschschaum in einer Flasche zu und stülpen Sie schnell einen Luftballon über die Flaschenöffnung.

Ein Zaubertrick

Dass Luft Platz braucht, ist schwer vorstellbar. Bei folgendem Experiment können Kinder dies sehr gut beobachten.

So geht's:

- Versammeln Sie die Kinder um einen Tisch, auf dem eine große, mit Wasser gefüllte Glasschüssel steht.
- Fragen Sie die Kinder, was passiert, wenn man eine Papierserviette in die Schüssel legt. Probieren Sie es aus: Die Serviette wird nass.
- Begeistern Sie die Kinder nun von einem Zaubertrick, bei dem Sie die Serviette untertauchen, ohne dass diese nass wird.
- Hierzu drücken Sie die Serviette so tief in ein hohes Trinkglas, dass genügend Platz bis zum Rand des Glases bleibt. Die Serviette darf nicht herausfallen, wenn Sie das Glas umdrehen.
- Tauchen Sie das Glas mit der Serviette nun mit der Öffnung nach unten in die Wasserschüssel und halten Sie es für kurze Zeit ganz unter Wasser. Achten Sie darauf, dass Sie das Glas genau senkrecht halten, damit keine Luft aus dem Glas entweicht!
- Nehmen Sie das Glas wieder aus dem Wasser und lassen Sie die Kinder überprüfen, ob die Serviette nass geworden ist. Die Kinder stellen fest, dass die Serviette trocken geblieben ist.
- Besprechen Sie mit den Kindern ihre Beobachtungen: Das Glas ist mit Luft gefüllt und kann sich daher nicht mit Wasser füllen. Die Luft wiederum kann nicht entweichen und schützt so die Papierserviette.
- Die Kinder dürfen den „Zaubertrick" nun selbst ausprobieren.

Tipps:

- Auch an den mit Luft gefüllten Mülltüten von Seite 51 lässt sich beobachten, dass Luft Platz braucht. Ist Luft in der Tüte, lässt sie sich nicht mehr zusammendrücken, ohne dass die Tüte platzt.
- Die Kinder können die einzelnen Schritte des Experiments für das Portfolio aufmalen.

Art der Aktivität:
Experiment

Bildungsbereiche:
Forschen und entdecken, Naturwissenschaft und Technik

Kompetenzbereiche:
Sachwissen erweitern, sprachliche Ausdrucksfähigkeit weiterentwickeln, visuelle Wahrnehmung entwickeln, Neugierde wecken

Kinder:
5 – 10

Schwierigkeitsgrad:
★ ★ ★ ☆ ☆ ☆

Aktivität:
15 Min.

Material:
große Glasschüssel, hohes Trinkglas, Papierservietten, Wasser

Luft

Art der Aktivität:
Experiment

Bildungsbereich:
Forschen und entdecken

Kompetenzbereiche:
Sachwissen erweitern, Zusammenhänge erkennen, Experimentierfreude wecken

Kinder:
8 – 10

Schwierigkeitsgrad:
★ ★ ★ ☆ ☆ ☆

Aktivität:
15 Min.

Material:
Kerze, Knetmasse, tiefes Backblech, hohe Glasvase, 4 Eincentmünzen, Wasser, Feuerzeug

Sauerstoff in der Luft

Luft ist ein Gemisch aus verschiedenen Gasen. Zu einem Fünftel besteht sie aus Sauerstoff, den wir zum Atmen brauchen. In folgendem Experiment wird den Kindern veranschaulicht, wie hoch der Anteil des Sauerstoffs in der Luft ist.

So geht's:

- Versammeln Sie die Kinder im Kreis und fragen Sie die Kinder, woraus unsere Luft eigentlich besteht. Erklären Sie, dass Luft aus verschiedenen Gasen besteht und dass eines davon der sogenannte Sauerstoff ist, den wir einatmen und den wir zum Leben brauchen.
- Bieten Sie den Kindern an, genau zu untersuchen, wie groß der Anteil des Sauerstoffs in der Luft ist.
- Gemeinsam mit den Kindern befestigen Sie eine Kerze mithilfe der Knetmasse in der Mitte eines tiefen Backblechs.
- Um die Kerze herum legen Sie die Eincentmünzen, sodass Sie die Glasvase später darauf abstellen können, wenn Sie sie über die Kerze stülpen.
- Vorsichtig gießen die Kinder nun so viel Wasser auf das Backblech, dass es bis knapp unter den Rand gefüllt ist.
- Zünden Sie die Kerze an und stülpen Sie die Vase mit der Öffnung nach unten darüber. Achten Sie darauf, die Vase senkrecht zu halten, damit unter Wasser keine Luft entweicht. Stellen Sie den Rand der Vase auf den Münzen ab.
- Beobachten Sie gemeinsam, was passiert: Der Wasserspiegel in der Vase steigt etwas an und nach einiger Zeit erlischt die Kerze. Dadurch, dass der Sauerstoff verbrennt, wird der Platz, den die Luft im Glas braucht, immer weniger: Es entsteht ein Unterdruck. Das Wasser nimmt den Platz des nun fehlenden Sauerstoffs in der Luft ein und der Druck wird ausgeglichen.

Tipps:

- Die Kinder können die einzelnen Schritte des Experiments für das Portfolio aufmalen.
- Auch im Zusammenhang mit dem Thema Feuer kann man zeigen, dass sich in der Luft Sauerstoff befindet. Eine Flamme braucht nämlich Sauerstoff, um zu brennen (siehe S. 17).

Spiel mit der Saugkraft

Brettspiele kennt jedes Kind. Hier wird eine spannende Variante zur herkömmlichen Spielweise gezeigt. Nebenbei erfahren die Kinder, dass Luft Kraft ausüben kann und Dinge durch Saugkraft bewegt werden können.

So geht's:

- Die Kinder, die mitspielen möchten, versammeln sich um den Tisch.
- Bauen Sie das Brettspiel gemeinsam auf. Fragen Sie die Kinder, wie man die Figuren bewegen könnte, ohne sie zu berühren. Die Kinder haben dazu sicherlich zahlreiche Ideen.
- Verteilen Sie die Trinkhalme. Lassen Sie die Kinder am Trinkhalm saugen und dabei eine Hand vor das offene Ende des Trinkhalms halten. So kann man spüren, wie die Haut der Hand durch den Luftstrom angesaugt wird.
- Zeigen Sie den Kindern nun, wie man die Spielfigur durch Saugkraft bewegen kann: Das eine Ende des Trinkhalms wird an den Kopf der Spielfigur gehalten und am anderen Ende wird vorsichtig gesaugt. Solange die Figur angesaugt wird, kann man diese verschieben und sogar hochheben.
- Die Kinder üben nun einige Zeit, die Spielfiguren anzusaugen und zu bewegen. Sicherlich werden die Figuren einige Male herunterfallen oder sie müssen zu früh abgestellt werden. Die Kinder werden beim Üben viel Freude haben.
- Wenn die Kinder bereit sind, kann das Spiel beginnen.

Tipps:

- Wählen Sie ein Brettspiel, das den Kindern gut bekannt ist, damit sie sich beim Spielen nicht zusätzlich zur neuen Herausforderung mit den Spielregeln beschäftigen müssen.
- Fällt es einem Kind sehr schwer, die Spielfigur anzusaugen, kann ein anderes Kind versuchen, es mit seinem Trinkhalm zu unterstützen.

Variante:

Verteilen Sie einige Papierschnipsel um eine kleine Schüssel herum. Die Kinder üben zunächst, die Papierschnipsel mit dem Trinkhalm anzusaugen und so in die Schüssel zu befördern. Wenn die Kinder genug geübt haben, können zwei Teams gegeneinander antreten. Wer hat als Erstes alle Schnipsel in die eigene Schüssel gelegt?

Art der Aktivität:
Brettspiel

Bildungsbereiche:
Körper, Bewegung und Gesundheit, Miteinander leben

Kompetenzbereiche:
Mund- und Feinmotorik verfeinern, soziales Miteinander weiterentwickeln

Kinder:
4

Schwierigkeitsgrad:
★★★☆☆☆

Aktivität:
30 Min.

Material:
beliebiges Brettspiel mit kleinen, leichten Spielfiguren (z. B. Mensch ärgere dich nicht)

Material pro Kind:
Trinkhalm

Luft

Der wilde Wind

Text und Melodie: überliefert

Windspiel

Einen Luftzug sehen, nicht nur spüren: Mit diesem schönen Windspiel ist das möglich.

Vorbereitung:

Schneiden Sie mehrere Schablonen aus festem Karton in den Größen 2 x 10 cm und 5 x 28 cm aus.

So geht's:

- Versammeln Sie die Kinder um den Arbeitstisch. Bieten Sie ihnen an, ein Windspiel zu gestalten.
- Jedes Kind bemalt seinen Tonpapierstreifen auf beiden Seiten nach seinen eigenen Vorstellungen. Es bietet sich an, deckende Farben wie Wachsmalstifte zu verwenden. Unterstützen Sie die Kinder bei der Umsetzung der eigenen Ideen.
- Legen Sie nun die größere der beiden Schablonen an der langen Seite des Tonpapiers an und ziehen Sie mit Bleistift eine Linie auf das gestaltete Tonpapier, sodass die Mitte markiert wird.
- Die Kinder teilen mithilfe der kleineren Schablone ihr Bild zusätzlich in 14 schmale Querstreifen. Anschließend wird das Papier entlang dieser Linien in Streifen geschnitten.
- Jetzt werden die Streifen mit der Nähmaschine entlang der Mittellinie mit etwas Abstand aneinandergenäht (Nadelstichbreite zwei bis drei). Wenn die Streifen nicht ganz gerade geschnitten sind, lassen Sie beim Nähen zwischen den Streifen etwas mehr Abstand, damit sich das Windspiel drehen kann. Knoten Sie nun an beiden Enden ca. 50 Zentimeter Faden an.
- Dann werden an einem Ende des Fadens einige Holzperlen aufgefädelt und festgeknotet. Diese geben dem Windspiel die notwendige Stabilität.
- Am anderen Ende des Fadens kann das fertige Windspiel aufgehängt werden. Besonders hübsch sieht es aus, wenn die bunten Windspiele im Garten an den Ästen eines Baums hängen und sich im Wind drehen.

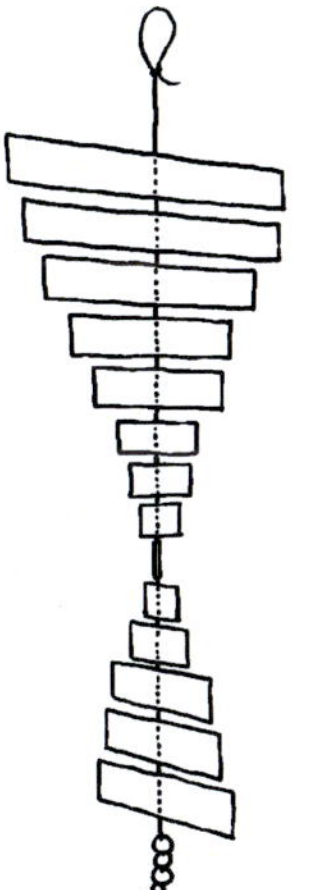

Tipps:

- Das Windspiel kann beliebig lang werden, indem einfach mehr Streifen angenäht werden.
- Wenn Sie bei der Arbeit mit der Nähmaschine ein Kind auf den Schoß nehmen, können Sie gemeinsam nähen.

Art der Aktivität:
Gestalten

Bildungsbereiche:
Kunst und Kultur, Kreativität und Musik

Kompetenzbereiche:
Kreativität entfalten, Feinmotorik weiterentwickeln, Gestaltungstechnik kennenlernen

Kinder:
5 – 8

Schwierigkeitsgrad:
★ ★ ★ ☆ ☆ ☆

Aktivität:
20 – 30 Min.

Material:
fester Karton, Farben (z. B. Wachsmal-, Farb- oder Filzstifte, Kreide, Wasserfarben) Bleistift, Schere, Nähmaschine, Nähfaden, Holzperlen

Material pro Kind:
Tonpapierstreifen (10 x 28 cm)

Luft

Art der Aktivität:
Gestalten / Spiel

Bildungsbereiche:
Kreativität und Musik, Miteinander leben

Kompetenzbereiche:
räumliches Vorstellungsvermögen entwickeln, Kreativität entfalten, Gestaltungstechnik kennenlernen, Zusammenhänge erkennen

Kinder:
4 – 6

Schwierigkeitsgrad:
★ ★ ★ ☆ ☆ ☆

Aktivität:
60 Min.

Material:
Tischtennisball, Fächer, Trinkhalm, Papier, großer Karton oder Holzbrett, Klebeband, Kartonstreifen, Papprollen, Cremeschachteln, Zahnstocher, ggf. Acryl- oder Wandfarbe, Pinsel

Pusteparcours

Dass Luft nicht Nichts ist, sondern ein Gewicht und ein Volumen hat, haben die Kinder bereits erfahren. Wenn Luft bewegt wird, kann sie als Wind sogar Kraft ausüben und ihre Bewegungsenergie auf andere Gegenstände übertragen.

So geht's:

- Versammeln Sie die Kinder um einen Tisch, auf dem ein Tischtennisball liegt. Wie kann der Ball gezielt über den Tisch zu einem anderen Kind gesteuert werden, ohne dass er berührt wird?
- Stellen Sie den Kindern verschiedene Materialien zur Verfügung und lassen Sie ihnen ausreichend Zeit, ihre Ideen auszuprobieren, z. B. mit dem Mund pusten, mit einem Fächer fächern, durch einen Trinkhalm oder durch ein zusammengerolltes Blatt Papier pusten.
- Bieten Sie den Kindern an, gemeinsam einen Pusteparcours zu bauen. Auf einem großen Karton oder einem Holzbrett wird der Parcours dafür zunächst aufgezeichnet. Überlegen Sie sich gemeinsam Hindernisse, die der Tischtennisball passieren muss, und zeichnen Sie diese in den Parcours ein, z. B. Tunnel, Rampen, Slalomlinien.
- Anschließend wird der Pusteparcours dreidimensional gestaltet. Dafür kleben die Kinder an den vorgezeichneten Linien mit Klebeband Kartonstreifen als Wände fest. Bei der Gestaltung der Hindernisse sind der Kreativität keine Grenzen gesetzt. Probieren Sie jedoch immer wieder aus, ob der Tischtennisball die Hindernisse auch passieren kann – eventuell müssen diese etwas einfacher gestaltet werden.
- „Start“ und „Ziel“ des Parcours können mit Fähnchen markiert werden, die aus Zahnstochern und kleinen Papierfähnchen hergestellt werden.
- Wenn die Kinder Lust haben, kann der Parcours mit Acryl- oder Wandfarben angemalt werden.
- Auf die Plätze, fertig, los!

Tipp:

Das fertige Spiel kann der Gruppe zur Verfügung gestellt oder auf einem Fest als Spielstation angeboten werden.

Luftmassage

Besonders an heißen Tagen genießt man jeden frischen Luftzug. Kinder spielen und toben und sind ständig in Aktion. Eine Pause zur Entspannung tut gut. Bei der folgenden Aktivität erfahren die Kinder, wie schön es ist, sich gegenseitig etwas Abkühlung zu verschaffen.

Vorbereitung:

Bereiten Sie einen Raum zum Entspannen vor. Für je zwei Kinder benötigen Sie eine Matte, neben der ein Fächer, ein Trinkhalm, eine Luftpumpe und ein Blatt Papier liegen. Sorgen Sie für eine entspannte Atmosphäre.

So geht's:

- Versammeln Sie die Kinder im Entspannungsraum. Bereiten Sie die Kinder darauf vor, dass sie sich jetzt gegenseitig etwas Abkühlung verschaffen dürfen.
- Bitten Sie die Kinder, sich zu zweit zusammenzufinden. Die Kinder machen untereinander aus, wer sich als Erstes in T-Shirt und kurzer Hose auf die Matte legen darf.
- Das andere Kind kniet sich daneben und beginnt dem liegenden Kind Luft zuzufächern oder zuzupusten. Geben Sie dafür Anregungen, z. B. beim Kopf beginnend über die Arme und Hände zu den Beinen und Füßen fächern oder mit dem Trinkhalm an den Armen entlangpusten.
- Regen Sie das aktive Kind an, bei seinem Partner leise nachzufragen: Ist das angenehm? Ist das gut so? Wo möchtest du, dass ich dir als Nächstes Luft zufächere?
- Nach sieben bis zehn Minuten ist das zweite Kind an der Reihe.

Tipp:

Die Fächer können im Vorfeld selbst gestaltet werden. Hierzu falten Sie ein DIN-A4-Blatt zu einer Ziehharmonika und heften ein Ende mit dem Klammergerät zusammen. Die andere Seite wird zum Fächer auseinandergezogen.

Art der Aktivität:
Massage

Bildungsbereiche:
Körper, Bewegung und Gesundheit, Miteinander leben, soziale Beziehungen und Emotionalität

Kompetenzbereiche:
Körperwahrnehmung entwickeln, Bedürfnisse äußern, Entspannung erleben

Kinder:
10

Schwierigkeitsgrad:
★ ★ ☆ ☆ ☆ ☆

Aktivität:
20 – 25 Min.

Material pro Paar:
Matte, Fächer, 2 Trinkhalme, Luftpumpe, Blatt Papier

Achtung!
Jedes Kind wird nur dann massiert, wenn es das auch wirklich möchte. Die Massage dauert nur so lange, wie sich das Kind wohlfühlt.

Luft

Art der Aktivität:
Experiment

Bildungsbereiche:
Kreativität und Musik, soziale Beziehungen und Emotionalität

Kompetenzbereiche:
Konzentrationsfähigkeit, Experimentierfreude und auditive Wahrnehmung weiterentwickeln

Kinder:
8 – 10 Kinder

Schwierigkeitsgrad:
★ ★ ☆ ☆ ☆ ☆

Aktivität:
45 Min.

Material:
verschiedene Gegenstände zum Geräuscheerzeugen (z. B. Luftballon, Heulschlauch, Luftpumpe, Blasebalg, Fächer, Wasserball, Ventilator, Trinkhalm, Flaschen, Papiertüte, Papier), Tonaufnahmegerät

Luftmusik

Die Kinder sollten schon einiges über das Thema Luft erfahren haben. Bei dieser Aktivität wird Luft aus einem ganz anderen Blickwinkel betrachtet bzw. belauscht.

So geht's:

- Versammeln Sie die Kinder in einem ruhigen Raum. Besprechen Sie mit ihnen das anstehende Projekt.
- Stellen Sie den Kindern die verschiedenen Materialien zur Verfügung und fordern Sie sie auf herauszufinden, welche Geräusche damit hergestellt werden können. Jedes Kind experimentiert einige Zeit für sich und ohne zu sprechen.
- Wenn alle genügend Zeit zum Ausprobieren hatten, versammeln Sie die Kinder wieder im Kreis. Jetzt darf jedes Kind den anderen ein entdecktes Geräusch vorführen. Jedes Geräusch wird wertgeschätzt.
- Angeregt von den Ergebnissen der anderen Kinder, wird nun erneut experimentiert.
- Bieten Sie jetzt an, die Geräusche aufzunehmen. Dabei muss es absolut still sein, damit auch sehr leise Töne klar festgehalten werden können.
- Ergänzen Sie die Sammlung der Geräusche ggf. noch mit weiteren Ideen, z. B. Tüte platzen lassen, Luft aus einem aufgepusteten Luftballon durch eine schmale Öffnung quietschend entweichen lassen, Luft in eine Papiertüte pumpen.
- Hören Sie sich gemeinsam die aufgenommenen Luftgeräusche an und besprechen Sie mit den Kindern die dabei entstehenden Emotionen.

Tipps:

- Für sein Portfolio bekommt jedes Kind eine CD mit den aufgenommenen Geräuschen.
- Die Luftmusik kann als Hintergrundmusik für die Luftmassage von Seite 61 verwendet werden.

Faltanleitung: Papierflieger

1. Du benötigst eine Kopie der Gestaltungsvorlage von Seite 64.

2. Schneide die Vorlage entlang der Schneidelinie aus. Male sie mit Farbstiften an.

3. Lege das Blatt mit der Zeichnung nach unten vor dich hin, sodass die Spitze des Fliegers nach oben zeigt. Falte den oberen Teil des Blattes entlang der Linie nach unten.

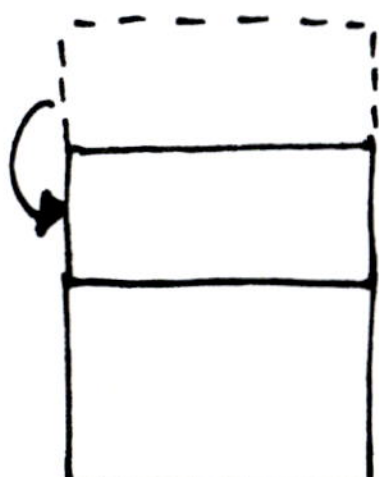

4. Falte das Papier der Länge nach und öffne es wieder.

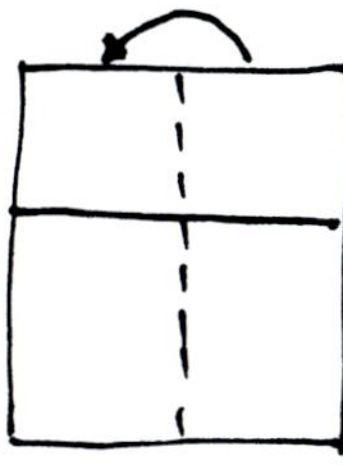

5. Falte die rechte und linke obere Ecke zur Mitte.

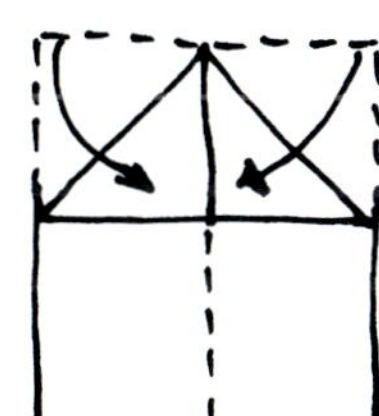

6. Falte die Ecken noch einmal zur Mitte.

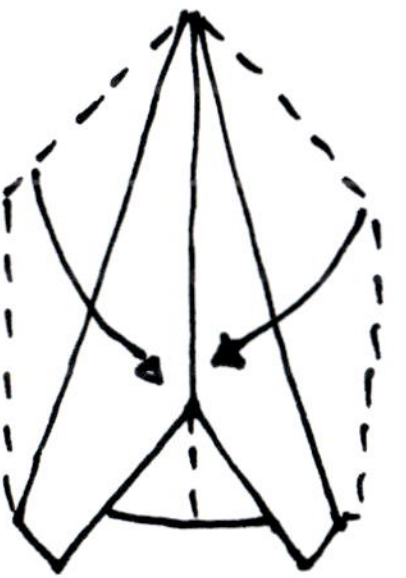

7. Falte die Figur in der Mitte zusammen.

8. Falte jetzt den Flügel nach unten, wende den Flieger und falte den zweiten Flügel ebenfalls nach unten.

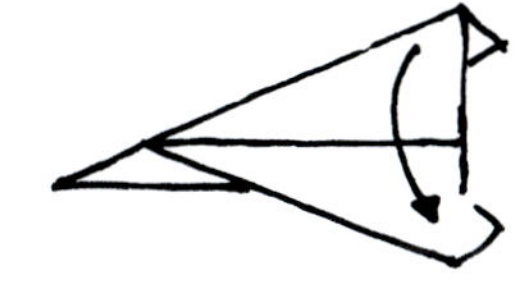

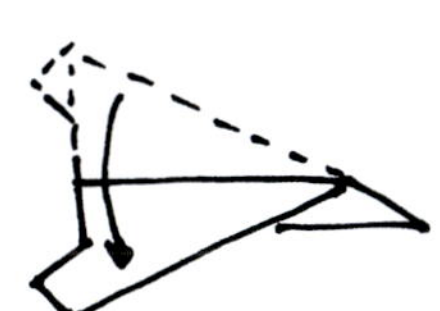

9. Falte nun an beiden Flügeln die Tragflächen nach oben.

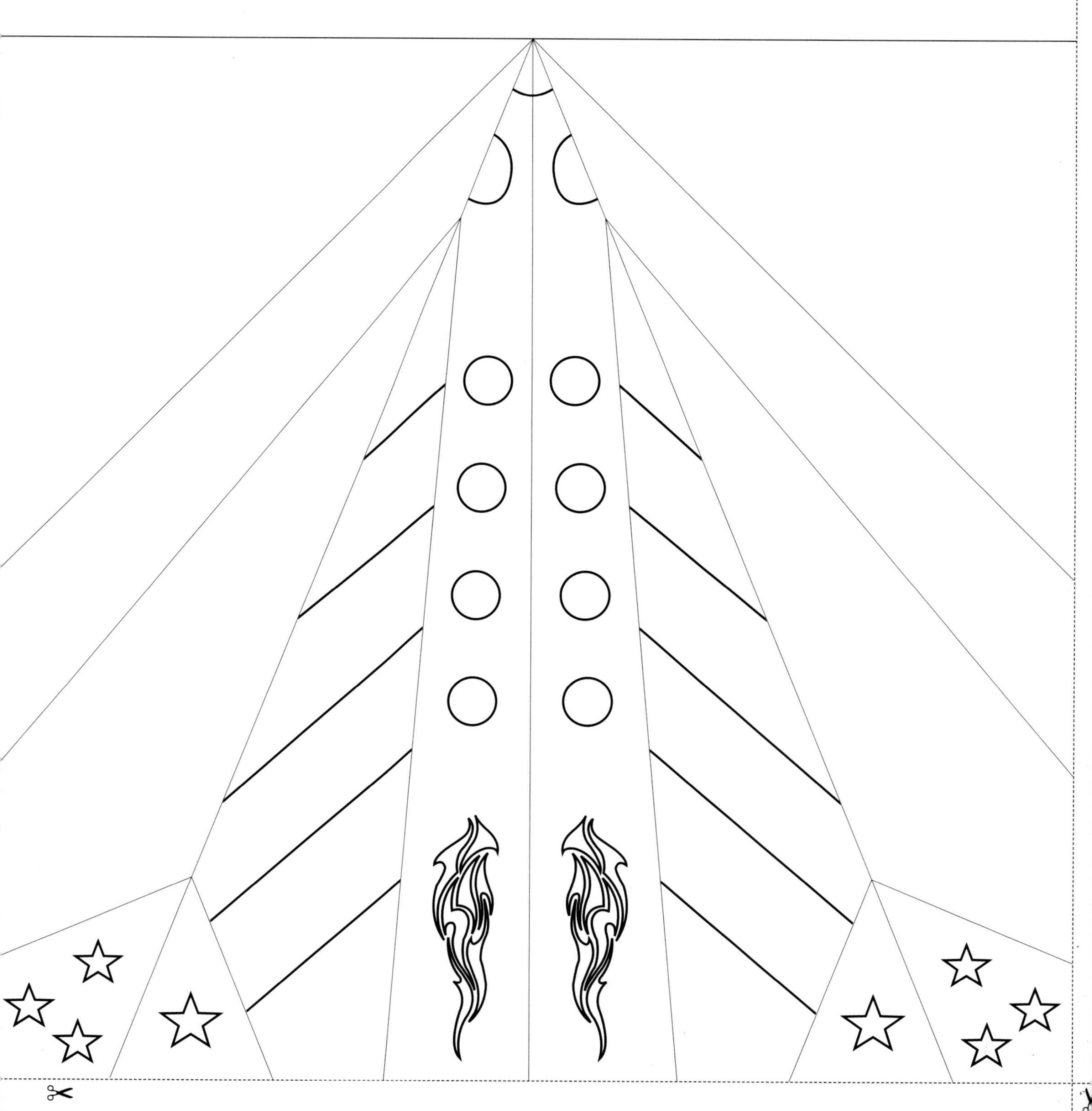